Who Am I
나는 누구인가
쉽게 읽는 한글판 나의 뿌리

경주 최씨 이야기
慶州崔氏

경주최씨(慶州崔氏) 뿌리공원 조형

작품명 : 번영(繁榮)

최(崔)자를 형상화하여 만든 것으로 산(山)자 모양으로 타오르는 성화이며 번창함을 상징한다. 우측의 뾰족한 5점은 새추자의 윗점과 우측4획을 합하여 이루어진 것으로 수많은 후손들의 힘을 하나의 큰○로 모아 번영과 화합과 단결을 나타내고 있다.

(대전광역시 중구 뿌리공원로 79)

화보(畵報)

최성 원조 소벌도리
(崔姓 元祖 蘇伐都利)

최성(崔姓)의 원조(元祖)인 소벌도리는 신라 개국공신이다. 소벌공(蘇伐公)은 본명이 소벌도리이니, 지금으로부터 약 2천 백 여년 전의 사람으로 《삼국유사》에는 하늘로부터 내려온 듯이 기록하고 있으나 《삼국사기》와 《동국통감》 등 정사에는 이러한 천강설(天降設)은 없고, 다만 진한의 고허촌장(高墟村長)이라고 기록하고 있다. 진한 6부(辰韓六部)는 진한에서 신라의 기반이 된 서라벌의 여섯 부락이며, 육촌(六村) 또는 육부촌(六部村)이라고도 한다. 삼국사기에 따르면, 고조선의 유민이 나뉘어 살며 생겨났다고 하였다. 알천(閼川)의 양산촌(楊山村), 돌산(突山)의 고허촌(高墟村), 취산(觜山)의 진지촌(珍支村) 혹은 간지촌(干珍村), 무산(茂山)의 대수촌(大樹村), 금산(金山)의 가리촌(加利村 혹은 加里村), 명활산(明活山)의 고야촌(高耶村)이다.

양산재(楊山齋) 전경.

화보(畵報)

소벌공과 박혁거세
(蘇伐公과 朴赫居世)

《삼국유사》에 따르면, 옛날 진한(辰韓) 땅에 여섯 마을이 있었는데, 어느날 고허촌(高墟村) 촌장 소벌공(蘇伐公)이, 양산 밑의 나정(蘿井)이라는 우물 곁에서 흰 말이 무릎을 꿇고 우는 것을 이상히 여겨 가보니, 말은 간 곳 없고 불그스름한 알이 하나 있었다. 깨 보니 아기가 있어 소벌공이 데려가 정성껏 길렀다. 이 아기는 점점 준수하여져 나이 열세 살에 뛰어난 젊은이가 되었다. 이에 여섯 마을 촌장들이 모여 이 아이를 임금으로 삼고, 박에서 나왔으므로 성을 박(朴)이라 하였으며, 세상을 밝게 다스린다는 뜻으로 이름을 혁거세(赫居世)라 하였다고 한다.

양산재(楊山齋) 입덕묘(立德廟).

화보(畵報)

6성 사성(六姓賜姓)

유리 이사금이 32년에 개편하여 양산촌을 양부(梁部)라 하며 이씨(李氏)를, 고허촌을 사량부(沙梁部)라 하며 최씨(崔氏)를, 대수촌을 점량부(漸梁部) 혹은 모량(牟梁)이라 하며 손씨(孫氏)를, 간진촌을 본피부(本彼部)라 하며 정씨(鄭氏)를, 가리촌을 한기부(漢祇部)라 하며 배씨(裵氏)를, 고야촌(명활부, 明活部)를 습비부(習比部)라 하며 설씨(薛氏) 성을 주었다.

소벌도리공기적비
(蘇伐都利公記蹟碑).

6· 경주(慶州)최(崔)씨 이야기

화보(畫報)

문창후(文昌候) 고운(孤雲) 최치원(崔致遠)의 영정.

화보(畵報)

상서장(上書莊). 문창후(文昌候) 고운(孤雲) 최치원(崔致遠)이 머무르면서 공부하던 곳으로 왕에게 올리는 글을 쓴 곳이다. 경북기념물 제46호.
(경북 경주시 인왕동)

영정각(影幀閣). 문창후(文昌候) 최치원(崔致遠)의 영정을 봉안하고 향사한다.
(상서장 경내)

8· 경주(慶州)최(崔)씨 이야기

화보(畵報)

독서당(讀書堂). 문창후(文昌候) 최치원(崔致遠)이 학문을 닦던 곳이라고 전한다. (경북 경주시 배반동)

문창후 최선생 독서당 유허비각.

문창후 최선생 독서당 유허비
(文昌侯崔先生讀書堂遺墟碑).

화보(畵報)

서악서원(西岳書院). 1651년(효종 2) 이정(李楨)을 중심으로 한 지방유림의 공의로 설총(薛聰)·김유신(金庾信)·최치원(崔致遠)의 학문과 덕행을 추모하기 위해 창건하여 위패를 모셨다. 경북기념물 제19호. (경북 경주시 서악동)

벽송정(碧松亭). 최치원(崔致遠)의 시 한 수가 남아 있으며, 그 밖에도 정자의 현판(縣板)에는 정여창(鄭汝昌), 김굉필(金宏弼) 등의 시문도 남아 있다.
(경북 고령군 쌍림면 신촌리)

10· 경주(慶州)최(崔)씨 이야기

화보(畫報)

학남서원(鶴南書院). 경산(耕山) 최여준(崔汝峻) 선생의 장구지소였던 곳으로, 문창후(文昌候) 최치원(崔致遠)의 영정을 모시고 향사하는 서원.
(경북 청도군 각남면 일곡리)

문창후(文昌候)
최치원(崔致遠)의 영정.

화보(畵報)

아산영당(鵝山影堂). 문창후(文昌候) 최치원(崔致遠)의 영정을 모시고 향사하는 영당. (경북 울진군 명도리)

대곡영각(大谷影閣). 문창후(文昌候) 최치원(崔致遠)의 영정을 봉안한 영당. (대구광역시 남구 대곡동)

화보(畵報)

월영대(月影臺). 문창후(文昌候) 최치원(崔致遠)이 대(臺)를 쌓고 제자들을 가르치던 곳이다. 경남기념물 제125호. (경남 창원시 마산합포구 해운동)

문창후(文昌候) 최치원(崔致遠) 선생 추모비(追慕碑).

경주(慶州)최(崔)씨 이야기 · 13

화보(畵報)

학사루(學士樓)와 상림(上林). 문창후(文昌候) 최치원(崔致遠) 선생이 함양태수로 있을 당시 자주 올라 시를 지었던 곳이라 전한다. 이 곳은 최치원 선생이 조림한 우리나라 최고(最古)의 인공조림으로 홍수의 피해를 막기 위해 둑을 쌓아 강물을 흐름을 돌리고 그 둑을 따라 나무를 심어서 지금의 숲이 이루어졌다고 한다. (경남 함양군 함양읍 상동리)

문창후(文昌候) 최치원(崔致遠) 선생 신도비(神道碑).

14· 경주(慶州)최(崔)씨 이야기

화보(畵報)

홍류동 농산정(紅流洞籠山亭). 문창후(文昌候) 최치원(崔致遠) 선생이 수도하던 곳으로, 정자 옆에는 '고운 최선생 돈적지(孤雲 崔先生 遯跡地)' 라고 새긴 주석비(柱石碑)가 있고 제시석(題詩石)에는 해인사시가 새겨져 있다.
(경남 합천군 가야면 구원리)

홍류동석벽제시
(紅流洞石壁題詩).

화보(畵報)

감운정(感雲亭). 문창후(文昌候) 최치원(崔致遠) 선생이 태산군수로 재임할 당시
검단대사(黔丹大師)와 함께 냇가에서 술잔을 띄우며 시를 읊으며 소요했던
유상대(流觴台)에 세워진 정자. '고운최선생 유상대
유적비(孤雲崔先生流觴台遺蹟之碑)' 가 세워져 있다.
(전북 정읍시 칠보면 시산리 583-3)

자천대(紫泉臺). 문창후(文昌候) 최치원(崔致遠)이 당나라에서 돌아왔을 때
세상이 어지럽고 어수선하자, 이곳에 올라 책을 읽으며 근심을 달랬다고
전한다. (전북 군산시 옥구읍 상평리)

16· 경주(慶州)최(崔)씨 이야기

화보(畵報)

지산영당(芝山影堂). 문창후(文昌候) 최치원(崔致遠)의 영정을 봉안한 영당.
(전남 광산군 대촌면 낭괴리).

광제암문(廣濟嵒門). 문창후(文昌候) 최치원(崔致遠)이 산천을
유람하면서 이곳 바위에 '광제암문(廣濟嵒門)' 이라는 네 글자를
새겼다고 한다. (경남 산청군 입석리 용두마을)

화보(畵報)

고운사(高雲寺). 681년(신문왕 1)에 의상(義湘)이 창건하여 고운사(高雲寺)라 하였다. 그 후 최치원(崔致遠)이 승려 여지(如智)·여사(如事)와 함께 가운루(駕雲樓)와 우화루(羽化樓)를 건립하고 이를 기념하여 최치원의 자(字)를 따서 고운사(孤雲寺)로 이름을 바꾸었다. (경북 의성군 단촌면 구계리 116)

가운루(駕雲樓).

화보(畵報)

염의서원(廉義書院). 문창후 최치원(崔致遠), 문충공 고경(高慶), 문영공 고용현(高用賢) 선생의 위패가 모신 서원. (전북 군산시 옥산면)

성주사낭혜화상백월보광탑비
(聖住寺朗慧和尙白月葆光塔碑).
비문은 최치원(崔致遠)이 찬(撰)하고,
최인연(崔仁渷)이 썼다. 국보 제8호.
(충남 보령시 성주면 성주사지)

성주사낭혜화상백월보광탑비각.

화보(畵報)

모송재(慕松齋). 최청(崔淸)과 아들 최연지(崔淵止)를 모신 재실.
(경기도 남양주시 진건읍 용정리)

최진립(崔震立) 장군의 정려비각
(旌閭碑閣). (경북 경주시 내남면 이조리)

20· 경주(慶州)최(崔)씨 이야기

화보(畫報)

최진립(崔震立) 장군을 모신 사당. (경북 경주시 내남면 이조리)

최진립(崔震立) 장군의 고택.
(경북 경주시 내남면 이조리)

화보(畵報)

최진립신도비(崔震立神道碑). (경북 경주시 내남면 이조리)

육의당(六宜堂). 육의당(六宜堂) 최계종(崔繼宗)이 지은 별장. 경북유형문화재 제263호. (경북 경주시 외동읍 제내리 322)

22· 경주(慶州)최(崔)씨 이야기

화보(畵報)

〈금강산표훈사도(金剛山表訓寺圖)〉. 최북(崔北)의 작품. 수묵 담채,
38.5×57.5cm. (개인 소장)

〈공산무인도(空山無人圖-草屋山水)〉. "空山無人
水流花開(빈 산에 사람이 없으나 물은 흐르고 꽃이
피네)"라는 소동파의 시를 표현하였다.
최북(崔北)의 작품. (풍서헌 소장)

〈메추라기〉. 최북(崔北)의 작품.

경주(慶州)최(崔)씨 이야기 · 23

화보(畵報)

수운(水雲) 최제우(崔濟愚) 동상.
(경북 경주시 현곡면 용담정 내)

수운(水雲) 최제우(崔濟愚) 유허지(遺虛址). 최제우가 31세 되던 해 여시바윗골에서 수도생활을 하다가 이듬해 천서를 받고 크게 깨우친 곳이라 전하는데, '예수바우골'이라 하여 예로부터 동학의 성스러운 땅으로 알려져 왔다. (울산광역시 중구 유곡동 639)

24· 경주(慶州)최(崔)씨 이야기

화보(畫報)

용담성지(龍潭聖地). 최제우(崔濟愚)의 탄생지로, 무극대도를 한울님으로부터 받아 포덕을 시작한 천도교의 발상지이며, 대구에서 처형당한 교조의 유해가 안치되어 있다. (경북 경주시 현곡면 가정리)

용담정(龍潭亭).

화보(畵報)

해월(海月) 최시형(崔時亨)의 동상. (경북 경주시 황성동 황성공원 내)

해월(海月) 최시형(崔時亨) 선생 추모비.
(강원도 원주시 고산리)

26· 경주(慶州)최(崔)씨 이야기

화보(畵報)

면암(勉菴)
최익현(崔益鉉) 선생
동상. (충남 청양군
칠갑산 한치재)

면암최익현선생춘추대의비(勉菴崔益鉉先生春秋大義碑).
(충남 예산군 광시면 관음리)

화보(畵報)

채산사(茝山祠). 면암(勉菴) 최익현(崔益鉉) 선생을 모시는 사당.
(경기도 포천시 신북면 가채리)

채산사(茝山祠). 면암(勉菴) 최익현(崔益鉉) 선생의 생가터에 세워진 동상.
(경기도 포천시 신북면 가채리)

28· **경주**(慶州)**최**(崔)**씨** 이야기

화보(畵報)

모덕사(慕德祠). 면암(勉菴) 최익현(崔益鉉) 선생을 모시는 사당.
(충남 청양군 목면 송암리)

모덕사(慕德祠) 전경.

머리말

《 경주(慶州) 최(崔)씨 이야기 》

우리 한민족(韓民族)은 세계 어느 나라 어느 민족(民族)과도 비교되는 남다름을 담고 있는 민족이니, 그것은 유구한 역사와 시간 속에서도 한결같이 이어져온 하나의 혈맥(血脈)에서 나오는 자기 정체성과 일체감이 아닐까 합니다.

우리들이 더욱 화목(和睦)하고 단합(團合)하여 국가(國家)와 민족(民族)에 봉사하는 것이야말로 우리들이 이 《경주 최씨 이야기》를 발간하는 참뜻이라 할 것입니다.

그런 의미에서 본 서책은 경주 최씨에 관해 체계적으로 정리 한 것으로 족인의식(族人意識)을 자각하고 일족(一族)의 친목(親睦)을 도모하며 조상(祖上)의 뛰어난 행적을 널리 알리고자 하는 목적으로 시대적 요구에 부응하는 가장 적합한 서책이라 할 것입니다.

조상의 행적의 공(功)과 덕(德)이 많음에도 알지 못하면 부지(不知)의 소치이며, 그 공덕(功德)을 알면서도 전(傳)하지 아니하면 불인(不仁)의 소치라 하였습니다.

급변하는 세상을 하루하루 바쁘게 살아오는 동안 오늘날 우리는 너나 할 것 없이 부지불인(不知不仁)을 면하지 못하고 있음을 생각하며 늘 안타까운 마음을 갖고 있던 차에 이렇게 우리의 역사를 성씨별로 읽기 쉽게 정리한 보첩이 발간되어 세상에 나오니 반가운 마음을 금할 수 없습니다.

특히 요즈음 자라나는 새 세대들은 세계사(世界史)나 외국

머리말

위인(偉人)에 대해서는 잘 알면서도 자기(自己)의 가계(家系)나 조상(祖上)들이 이루어 놓은 유사(遺事)에 관하여는 소홀히 하는 경향이 있는데, 이러한 시대적 상황에 처하여 온고지신(溫故知新)의 윤리도덕(倫理道德)으로 새로운 미풍양속(美風良俗)을 승화 발전시켜야 할 책무(責務)가 우리 세대에 요청받고 있으니, 다음 젊은 세대(世代)에게 올바른 윤리도덕(倫理道德)과 씨족(氏族)의 중요성을 일깨워야할 소명(召命)이며 의무(義務)가 아닐 수 없겠습니다.

지금까지의 대부분의 문중 사료와 보첩들은 우리 후손들에게는 너무 어려워서 가까이 하지 못한 점이 늘 안타까웠기에 본 《 경주 최씨 이야기 》는 남녀노소 모두에게 이해하기 수월하게 구성하여 묶어 내었습니다.

이로써 생활 속에서 보다 가깝고 친근하게 조상(祖上)과 뿌리를 알게 하고 기본적인 예절을 알게 되는 계기가 될 것이라 기대합니다.

그동안 이 보첩의 발간을 위하여 지원하고 노력하여주신 여러분들에게 진심으로 감사를 드리며, 우리민족의 위대한 발전과 도약을 기원합니다.

2014. 8. 6.
성씨이야기편찬실

차 례

|차 례|

□ 머리말 / 30
□ 차　례 / 32
□ 일러두기 / 33

화보(畵報) ·· 3

경주최씨(慶州崔氏)

경주최씨 연원(慶州崔氏 淵源) ···················· 37
　시조 및 본관의 유래(始祖 및 本貫의 由來). ············ 37
　본관지 연혁(本貫地 沿革). ······························ 46
　씨족사 개요(氏族史 槪要). ······························ 55

항렬과 세계(行列과 世系) ························· 58
　항렬표(行列表) ······································· 58
　세계도(世系圖) ······································· 68

문창후 최치원(文昌侯 崔致遠) ···················· 77
　문창후 선생 최치원(文昌候先生崔致遠) ··· 77
　우리 국학(國學)의 첫 문을 연 선비 고운 최치원(孤雲 崔致遠 ·· 91
　최치원 선생 연보(崔致遠 先生 年譜) ················ 125

역대 주요 인물(歷代 主要 人物) ··············· 140

일러두기

1. 이 책은 전통적인 족보(族譜)와 보첩(譜帖)의 체제에서 벗어나 선조(先祖)들의 구체적인 행적(行蹟)에 대해 일반인들과 젊은 세대(世代)가 쉽게 보고 이해할 수 있도록 하는 것에 주된 방향을 맞추어 편찬하였습니다. 때문에 어려운 한문체(漢文體)의 내용이나 중복되는 내용이 많은 것은 배제하였습니다.

2. 본 보첩(譜諜) 편찬의 근본정신은 오랜 역사를 거쳐 오면서 유실된 사료(史料)와 각 씨족별로 나타나는 복잡하고 많은 이설(異說) 등의 다양한 견해(見解)를 모두 반영하기 보다는 자라나는 어린 후손들에게 보다 쉽고 친근하게 선조의 씨족사를 이야기하고 선조의 발자취를 보여줌으로써 자긍심을 키우고 미래를 밝혀줄 바른 정신을 전하고자 하는데 있음을 밝혀둡니다.

3. 본 서(書)는 각 성씨별, 관향별 종친회(宗親會)와 그 외 각 지파(支派)에서 발간해온 보첩과 자료를 주로 참고하였으며, 일반 서적과 사전류에 수록된 내용들도 발췌 정리하여 엮음으로써 가능한 한 많은 내용을 담도록 노력하였습니다.

4. 수록된 관향의 순서는 가나다순(順)으로 하였으나 편집의 편의상 선후가 바뀔 수도 있음에 양혜를 구하며, 인물의 경우 계대를 따르는 것을 원칙으로 하였으나 여의치 않을 경우 대략적인 활동 연대순을 따랐습니다.

5. 각 본관별(本貫別) 내용 구성은 먼저 주요 선조의 유적 유물 사진을 수록하고, 연원(淵源)과 씨족사(氏族史), 세계(世系)과 행렬(行列) 등을 한눈에 이해하기 쉽게 정리하고, 그리고 역대 주요 명현(名賢)의 생애와 업적을 이해하기 쉬운 약전(略傳) 형식으로 수록하였습니다.

6. 수록한 내용과 인물들은 삼국유사 《三國遺事》, 삼국사기 《三國史記》, 고려사 《高麗史》, 조선왕조실록 《朝鮮王朝實錄》, 고려공신전 《高麗功臣傳》, 국조방목 《國朝榜目》 등의 일반 사료(史料)의 기록을 기반으로 하여 각 성씨별 분숭(門中)에서 발행한의 보첩에 나타나 있는 명현(名賢)을 망라하였으나 자료의 미비로 부득이 누락된 분들은 다음 기회에 보완 개정하고자 합니다.

경주최씨
慶州崔氏

경주최씨(慶州崔氏)

경주최씨 연원(慶州崔氏 淵源)

시조 및 본관의 유래(始祖 및 本貫의 由來)

원조 소벌도리(遠祖 蘇伐都利)

경주최씨(慶州崔氏)는 우리나라 최씨(崔氏)의 대종(大宗)으로 신라(新羅) 사량부(沙梁部) 촌장 소벌도리(蘇伐道利)를 원조(元祖)로 하고 그의 24세손이며 신라(新羅) 말기의 대문장가(大文章家)인 고운(孤雲) 최치원(崔致遠)을 시조(始祖)로 모시고, 본관(本貫)을 경주(慶州)로 삼아 세계(世系)를 이어오고 있다.

최씨의 득성조(得姓祖)가 되는 신라 개국공신으로 소벌도리(蘇伐都利)는 원시 신라 초기를 구성한 육촌(六村) 중의 하나인 고허촌(高墟村) 촌장으로, 뒤에 육부(六部) 중의 하나인 사량부(沙梁部)의 시조가 되었다.

《삼국사기》에는 소벌공(蘇伐公)이라 하였으니, '소벌'은 신라의 옛 칭호인 '서라벌(徐羅伐)'을 약칭한 '서벌(徐伐)'로 생각되며, 한편 도리는 집단의 뜻을 가진 '돌'·'두레'의 사음(寫音)으로 짐작된다.

나아가 고허촌의 '고허'는 바로 소벌의 한역(漢譯)일 것으로 짐작된다. 《삼국유사》의 전설적인 기사에 의하면, 처음 육촌에는

경주최씨(慶州崔氏)

소벌도리와 그밖에 알평(謁平: 及梁部의 시조)·구례마(俱禮馬: 牟梁部의 시조)·지백호(智伯虎: 本彼部의 시조)·지타(祉沱 혹은 只他: 韓岐部의 시조)·호진(虎珍: 習比部의 시조) 등 6인이 하늘에서 내려와 각기 육촌의 촌장이 되고, 동시에 육부의 시조가 되었다고 한다.

그 뒤 서기전 69년 3월 1일에 소벌도리 등 육촌의 우두머리들이 각기 자제들을 이끌고 알천(閼川)기슭에 모여 덕이 있는 자를 찾아서 군왕을 삼을 것과 수도를 정할 것을 의결하였다고 한다.

이에 양산(楊山: 지금의 경주 南山) 아래 나정(蘿井)곁에서 난생아(卵生兒)인 혁거세(赫居世)를 얻어 거슬한(居瑟邯, 居西干)으로 추대하고, 서기전 57년에 그를 왕으로 삼았다고 한다.

한편, 《삼국사기》에 의하면, 나정 곁에서 혁거세를 발견한 것이 소벌공, 곧 소벌도리였다고 하며, 그는 혁거세를 집에 데리고 와서 10여세가 될 때까지 양육하였다고 한다.

이와같은 전설은 씨족장들이 모여서 부족장을 선출하곤 하던 원시 신라사회의 모습을 전하는 것으로 해석되며, 따라서 소벌도리 등 이른바 촌장들은 원시 신라를 구성하던 한 유력한 씨족장일 것으로 추측된다.

6촌장과 진한(六村長과 辰韓)

기원전 57년경 고조선의 북부여 유민들이 동해빈의 여러 산골짜기에 흩어져 살면서 여섯 촌락을 이르고 있어는 대. 첫째마을은 알천양산촌(閼川楊山村) 둘째 마을은 돌산고허촌(突山高墟村) 셋째마을은 무산대수촌(茂山大樹村) 네째, 취산진지촌(취山珍支村 혹은

宇珍村)다섯째 금산가리촌(金山加利村)여섯째 명활산고야촌(明活山高耶村)이라는 마을들이 있었다.

 고조선의 유민이란 단군-기자의 조선임을 말함이요, 동해의 여러 산골짜기(東海濱山谷間)란 지금의 경상부도와 강원도 일부와 경기도 일부, 충청도 북부 즉 괴산 이북인 충청북도 전역을 지칭하니 이것이 본래 진한의 위치가 대개 그렇게 되어 있었던 까닭이다.

 진한이란, 마한과 변한을 통하여 삼한이라 하였던 것이요, 그 삼환중 최초엔 제일 강하였으나 후에 점차 약해짐에 따라 마한이 제일 큰 나라가 되었으니 마한은 이미 한혜재(漢惠宰) 2년(단기 2142)부터, 진한과 병한 두 나라를 섭치(攝治)한 것으로 보면 진, 병 두 나라는 당초에는 통치자(盟主)가 있었으나 붕괴되어 다시 일으키지 못했든 것 같으며, 또 삼국유사에는 병한이 각기 열두 개의 소국이 있다 했는데 이 소국들 자체가 군소 집단으로서 국호를 가지고 생활하여온 듯하다.

 그러므로 6부의 촌장도 나라의 왕이 없고 백성들만이 각자 나름대로(放逸)살아 가무로 어려운 질서를 근심하게된 것으로도 족히 그때의 형태를 알 수 있으며, 이 삼한의 경계를 말하면 진한은 지금의 경기도 일부와 경상도 일부, 충청도 일부이며 변한은 경상남도 한 일부로 보는 것이 타당 할 것 같다, 이곳은 후에 수로왕이 금관국(加羅)을 세웠다.

소벌공과 신라건국(蘇伐公과 新羅建國)

 진한은 명실공히 군주국가가 되지 못하고 백성들만이 마한의

경주최씨(慶州崔氏)

침략을 받아왔기 때문에 그 백성들은 항상 국가건설을 계획하고 있던 터로서 마한의 양왕 5년(단기 2265년, 韓武宰 원년) 임자 어느날 6촌의 고허촌장 소벌공은 다른 촌장들을 소집하여 건국회의를 개최하기에 이르렀다. 삼국유사에 의하면 소벌공은 그해 3월 삭일에 양산촌장 알평, 대수촌장 구례마, 진지촌장, 지백호, 가리촌장 기타, 고야촌장 호진 등 다섯 촌장과 더불어 알천안상에서 회의를 열도록 소벌공이 제안하니 각 촌장들은 이에 모두 찬동하고 각기 자제들을 거느리고 참석하였다. 소벌공은 이 회의서 의장 격이 되어 말하기를, "지금 우리들의 많은 민중이 기름진 좋은 땅에서 태평성대 하게 살면서도 우리를 다스릴 어른(君主)이 없는 까닭에 백성이 모두 제멋대로(放逸)하며 살고 있으니, 뭉치고 단합하는 힘을 갖지 못하는 형편이므로, 항상 남의(馬韓)나라의 부당한 간섭과 제어(制御)를 받게 되고, 또 인접한 변(弁韓)한도 종 종 침해하는 일이 자주 있을 뿐 아니라. 멀리 북으로부터 한(漢)의 4군이 머리를 누르고 있어 언제나 그것들이 우리의 진전에 크게 방해되는 바인즉 우리는 지금부터 좋은 군주를 얻어 뫼시고 국가정사를 새롭게 하면 이것이야말로 자손만대에 백년대계를 이르게 될 것이니 이를 위해 총력을 다함이 어떠하겠는가?" 고 말하니 모든 촌장과 자제들은 이에 동의함은 물론, 크게 협력할 것을 결의하게 되었다.

소벌공은 '이제 군주를 정하는 것만이 남았는데 어떤 군주를 간택하여 백성들의 축복을 받을까!' 하는 생각에 잠긴 채 높은 언덕에 올라, 6촌의 아름 다음과 기름진 대지를 바라 보니, 우연히도 이상한 조짐을 발견하고 자신도 모르는 사이 발 길을 그곳으로 옮겼다. 그것은 남쪽의 양산 밑 나정(蘿井: 계림 부근) 옆 숲풀 사이로 마치 번개 같은 서광이 번쩍거리며 그 속에서 한 백마가 있는 것이 선명히 보였다. 이를 이상히 여긴 소벌공은 가까이 가서 자세히 살펴본 즉 말은 앞발을 꿇어 절하는 모양으로 몇 번 굽히다가 긴 소리를 지르더니 하늘로 사라져버리고 그 자리에는 푸릇 불긋한 큰 알[大卵] 한 개가 놓여 있는 게 아닌가! 소벌공은 그 알을 얻어 깨어보니 알속에서는 뜻밖에도 동자하나가 나오는데 형태의용(形態儀容)이 대단히 단정하고 아름다움을 보고 한편 놀라고 기이(奇異)하게 여겨 서둘러 안고 곧 동천사(東泉寺: 우물사)에 가서 목욕을 시키니 아이의 몸에는 광채가나고 그 주변의 새들이 날러와 너울너울 춤을 추고 천지가 진동하며 일월이 청명해지는 것이 심상치 않음을 보고 좋아서 집으로 데리고 와서 귀하게 기르며 그 때의 광경을 상징하여 혁거세(赫居世)라 하였다.

혁거세가 13살 되던 해 단기 2277년 한선재오봉(漢宣宰五鳳) 원년에 소벌공은 각 촌장들을 불러 회의를 열고 혁거세의 자질이 비범함을 알린 후 왕으로 추대할 것을 제의하니 제 촌장들은 이에 찬동하므로 곧 위에 오르게 하고 국호를 서군벌이라 하였다.

6부 6성 사성(6部 6姓 賜姓)

신라의 3대 유리왕은(신라 9년, 2365) 구진한의 6부에 지명을 개칭하여 양산촌을 급량부(及梁部), 고허촌을 사량부(沙梁部), 대수촌을 잠량부(岑梁部), 간진촌을 본피부(本皮部), 가리촌을 한저부(漢저部), 명활촌을 습비부(習比部)로 하는 동시에 그 6부의 장(長)에

경주최씨(慶州崔氏)

게 각각 성을 내렸으니 사량부(고허촌)의 장 소벌공은 최(崔)씨의 성을 받았다. 그 외 양산촌 알평에게는 이(李)씨, 대수촌 구례마에게는 손(孫)씨 진지촌 지백호에게는 정(鄭)씨, 가리촌 기타에게는 배(裵)씨, 명활촌 호진에게는 설(薛)씨로 하여 6부에 6성을 내린 것은 원래 진한의 6촌장이 신라국에 큰 공을 세운 연유로 사성(賜姓)이 되었으며 당시 민간으로서는 처음 성을 갖게 된 것이다.

문창후선생 최치원(文昌候先生崔致遠)

자는 고운(孤雲) 또는 해운(海雲). 경주 사량부(沙梁部 또는 本彼部) 출신. 견일(肩逸)의 아들이다.

최치원이 868년(경문왕 8)에 12세에 중국 당나라에 유학한지 7년만인 874년에 18세의 나이로 예부시랑(禮部侍郞) 배찬(裵瓚)이 주관한 빈공과(賓貢科)에 합격하였다. 이후 2년간 낙양(洛陽)을 유랑하면서 시작(詩作)하여 남긴 작품이 《금체시(今體詩)》 5수 1권, 《오언칠언금체시(五言七言今體詩)》 100수 1권, 《잡시부(雜詩賦)》 30수 1권 등이다. 876년(헌강왕 2) 당나라의 선주(宣州) 표수현위(漂水縣尉)가 되어 공사간(公私間)에 지은 글들을 추려 모은 것이 《중산복궤집(中山覆簣集)》 1부(部) 5권이다. 887년 겨울 표수현위를 사직하고 양양(襄陽) 이위(李蔚)의 문객(門客)으로 지내다가 회남절도사(淮南節度使) 고변(高騈)의 추천으로 관역순관(館驛巡官)이 되었다.

879년 황소(黃巢)가 반란을 일으키자 고변이 제도행영병마도통(諸道行營兵馬都統)이 되어 이를 칠 때 고변의 종사관(從事官)이 되어 서기의 책임을 맡아 표(表)·장(狀)·서계(書啓)·격문(檄文) 등을 맡아 그 공으로 879년 승무랑 전중시어사 내공봉(承務郎殿中侍御史內供奉)으로 도통순관(都統巡官)에 승차되었으며, 겸하여 포장으로 비은어대(緋銀魚袋)를 하사받고, 82년에는 자금어대(紫金魚袋)를 하사받았다. 고변의 종사관으로 있을 때, 공사간에 지은 글이 표·장·격(檄)·서(書)·위곡(委曲)·거첩(擧牒)·제문(祭文)·소계장(疏啓狀)·잡서(雜書)·시 등 1만여 수에 달하였으며, 귀국 후 정선하여 《계원필경(桂苑筆耕)》 20권을 이루게 되었다. 이 중 특히 〈토황소격(討黃巢檄)〉은 명문으로 이름이 높다. 《당서(唐書)》 예문지(藝文志)에도 그의 저서명이 수록되었다.

29세에 신라에 돌아오와 시독 겸 한림학사 수병부시랑 지서서감사(侍讀兼翰林學士守兵部侍郎知瑞書監事)에 임명되고, 왕명으로 〈대숭복사비문(大崇福寺碑文)〉 등의 명문을 남겼고, 당나라에서 지은 저작들을 정리해 국왕에게 진헌하였다.

당시는 신라조정이 극히 어지러워 국운이 다하여가고 있었으니 처음에는 의욕을 가지고 당나라에서 배운 경륜을 펴보려 하였으나 진골귀족 중심의 신분체제의 한계와 국정의 문란함을 보고 외직(外職)을 원해 890년에 대산군(大山郡)·천령군(天嶺郡:)·부성군(富城郡) 등지의 태수(太守)를 지냈다.

894년에는 시무책(時務策) 10여 조를 진성여왕에게 올려서 문란한 정치를 바로잡으려고 노력하였다. 이 시무책은 진성여왕에게 받아들여져서 6두품의 신분으로서는 최고의 관등인 아찬(阿飡)에 올랐으나 그의 정치적인 개혁안은 실현되기에는 한계가 있었다.

진성여왕이 퇴위하고 효공왕이 즉위할 때 그가 작성한 각각의 상표문(上表文)에서 신라가 이미 돌이킬 수 없는 멸망의 길로 들어서고 있음을 설토하고 있다.

최치원은 이러한 신라왕실에 대한 실망과 좌절로 40여 세 장년의 나이로 관직을 버리고 소요자방(逍遙自放)하다가 은거하게 되는데, 경주의 남산(南山), 강주(剛州: 지금의 경상북도 義城)의 빙산(氷山), 합천(陜川)의 청량사(淸凉寺), 지리산의 쌍계사(雙磎寺), 합포현(合浦縣: 지금의 昌原)의 별서(別墅) 등지에 그의 자취가 전해지고 있다.

만년에는 모형(母兄)인 승 현준(賢俊) 및 정현사(定玄師)와 도우(道友)를 맺고 가야산 해인사에 들어가 머물렀다. 해인사에서 언제 세상을 떠났는지 정확한 기록이 남아있지 않다.

최치원의 유·불·선 통합 사상은 고려 시대의 유학과 불교에 큰 영향을 끼쳤다. 유교 정치이념을 강조한 최승로(崔承老)와 같은 유학자조차도 '불교는 수신(修身)의 근본이고 유교는 치국(治國)의 근원'이라고 말할 정도로 고려 시대에는 유교·불교·도교가 서로 영향을 주고받으며 다양하게 발전하였다. 특히 민간 신앙과 풍습에서는 그것들이 서로 긴밀히 융합하는 모습을 띠었다. 그리고 고려 말기의 선승(禪僧)인 진각국사(眞覺國師) 혜심(慧諶)은 "이름을 들어보면 유교와 불교가 서로 멀어 다른 것 같지만 그 실상을 알면 유교와 불교가 다르지 않다.(認其名則佛儒迴異 知其實則儒佛無殊)"며 '유불일치설(儒佛一致說)'을 제기하기도 하였다.

〈사시금체부(私試今體賦)〉, 〈오언칠언금체시(五言七言今體詩)〉, 〈잡시부(雜詩賦)〉, 〈사륙집(四六集)〉 등의 시문집은 오늘날에는 전해지지 않고 이름만 남아 있지만, 《계원필경(桂苑筆耕)》과 《동문선(東文選)》에는 그가 쓴 시문(詩文)들이 다수 전해지고 있다. 또한 〈대숭복사비(大崇福寺碑)〉, 〈진감국사비(眞鑑國師碑)〉, 〈지증대사적조탑비(智證大師寂照塔碑)〉, 〈무염국사백월보광탑비(無染國師白月光塔碑)〉 등 이른바 〈사산비문(四山碑文)〉과 〈법장화상전(法藏和尙傳)〉 등도 전해지고 있다. 그는 대구(對句)로 이루어진 4·6 변려문(騈儷文)을 즐겨 썼으며, 문장이 평이하면서도 고아(高雅)한 품격이 있다는 평가를 받았다.

그 밖에도 〈제왕연대력(帝王年代曆)〉, 〈중산복궤집(中山覆集)〉, 〈석순응전(釋順應傳)〉, 〈부석존자전(浮石尊者傳)〉, 〈석이정전(釋利貞傳)〉 등의 저술이 있었지만, 오늘날에는 전해지지 않는다.

글씨도 잘 썼으며, 〈사산비문(四山碑文)〉 가운데 하동의 쌍계사에 있는 〈진감국사비(眞鑑國師碑)〉는 최치원이 직접 짓고 쓴 것으로 오늘날까지 그의 필적을 전해준다.

경주최씨(慶州崔氏)

본관지 연혁(本貫地 沿革)

경주(慶州)는 경상북도 남동부에 위치한 지명으로 기원전 57년에 6촌(六村)이 연합하여 고대국가를 형성, 국호를 서라벌(徐羅伐)·사로(斯盧)·사라(斯羅)로 하고, 수도를 금성(金城)이라 하였다. 65년(신라 탈해왕 9) 시림(始林)에서 김씨 시조가 탄생하여 국호를 계림(鷄林)으로 칭하기도 하였으나, 별칭으로 사용하였다. 307년(기림왕 10)에 최초로 국호를 신라(新羅)로 하였다. 935년(고려 태조 18) 신라 마지막 임금인 경순왕이 왕건에 항복하자 경주로 개칭하고 식읍을 주었고, 그를 사심관으로 삼았다. 비로소 처음으로 경주라는 명칭이 생겼다. 987년(성종 6) 동경(東京)으로 개칭하고 유수(留守)를 두어 영동도(嶺東道)에 속하게 하였다. 1008년(목종 11) 때 낙랑군(樂浪郡)이라 별칭하다가 1030년(현종 21) 삼경(三京)의 제도가 실시되자 동경(東京)을 설치하고 충렬왕 때 계림부(鷄林府)로 개편하였다. 1202년(신종 5) 경주 야별초의 반란으로 지경주사(知慶州事)로 강등되었다가 1219년(고종 6) 동경으로 환원되었다. 1413년(태종 13) 계림부를 경주부로 개칭한 이후 1415년 병마절도사영을 두었다가 1417년 울산으로 이전하였다. 1637년(인조 15)에 속현인 자인현이 분리 독립하였다. 1895년(고종 32) 군면 폐합으로 경주군이 되었고, 1955년 경주읍과 내동면 전역, 천북면과 내남면 일부가 통합되어 경주시로 승격했으며, 경주군은 월성군으로 개칭되었다. 1989년에는 월성군이 경주군으로 개칭되었다. 1955년에는 경주군과 통합하여 시로 승격하였다.

세종실록지리지(世宗實錄地理志) : 경주부(慶州府)

부윤(府尹) 1인, 판관(判官) 1인, 유학 교수관(儒學敎授官) 1인.

바로 신라의 옛 서울이다. 한(漢)나라 선제(宣帝) 오봉(五鳳) 원년(元年) 갑자에 시조(始祖) 박혁거세(朴赫居世)가 나라를 창건하고 도읍을 세워서 이름을 서야벌(徐耶伐)이라 하였다.【혹은 사라(斯羅), 혹은 사로(斯盧), 혹은 신라(新羅)라고 이른다.】 탈해왕(脫解王) 9년 을축에【바로 한나라 명제(明帝) 영년(永年) 8년.】 시림(始林)에서 닭의 괴이한 일이 있어서, 이름을 계림(鷄林)이라 고치고, 인하여 나라 이름으로 삼았다가, 기림왕(基臨王) 10년 정묘에【바로 서진(西晉) 회제(懷帝) 영가(永嘉) 원년.】 다시 이름을 신라(新羅)로 하였다. 고려 태조 18년 을미에【바로 후당(後唐) 폐제(廢帝) 청태(淸泰) 2년.】 경순왕(敬順王) 김부(金傅)가 고려에 항복하자 낮추어 경주로 하였으며,【신라 박혁거세로부터 김부까지 56왕 9백 92년이다.】 23년 경자에【후진(後晉) 고조(高祖) 천복(天福) 4년.】 올려서 대도독부(大都督府)로 삼고, 성종(成宗) 6년 정해에【바로 송(宋) 태조(太祖) 옹희(雍熙) 4년.】 동경 유수(東京留守)로 고쳤다가, 현종(顯宗) 3년 임자에【바로 송나라 진종(眞宗) 대중상부(大中祥符) 5년.】 유수관(留守官)을 폐하고 경주 방어사(慶州防禦使)로 낮추었다. 5년 갑인에 안동 대도호부(安東大都護府)로 고쳤다가 21년 경오에【바로 송나라 인종(仁宗) 천성(天聖) 8년.】 다시 동경 유수(東京留守)로 하였는데, 신종(神宗) 5년 임술

경주최씨(慶州崔氏)

에【바로 송나라 영종(寧宗) 가태(嘉泰) 2년.】동경(東京) 야별초(夜別抄)가 반란을 일으켜 주군(州郡)을 쳐서 겁탈하매, 군사를 보내어 이를 토평(討平)하고, 7년 갑자에 낮추어 지경주사(知慶州事)로 삼았다가, 고종(高宗) 6년 기묘에【송나라 영종(寧宗) 가정(嘉定) 12년.】다시 유수(留守)로 삼았고, 충렬왕(忠烈王) 34년 무신에【바로 원(元)나라 무종(武宗) 지대(至大) 원년.】고쳐서 계림부(鷄林府)로 일컬었는데, 본조(本朝) 태종 15년을 을미에【바로 명나라 태종(太宗) 영락(永樂) 12년.】경주부(慶州府)로 고쳤다. 별호(別號)는 낙랑(樂浪)이다.【순화(淳化) 때에 정한 것이다.】속현(屬縣)이 넷이니, 안강현(安康縣)은 본래 신라 비화현(比火縣)인데, 경덕왕(景德王)이 지금의 이름으로 고쳐서 의창군(義昌郡)의 영현(領縣)으로 삼았다가, 고려 현종(顯宗) 9년 무오에 주(州)·부(府)·군(郡)·현(縣)의 관할[所領]을 정하매 경주부(慶州府)의 임내(任內)로 붙였고, 공양왕(恭讓王) 2년 경오에【바로 명나라 태조 황제 홍무(洪武) 23년.】비로소 감무(監務)를 두었으며, 본조 태조 3년 갑술에【바로 홍무 27년.】다시 본부(本府)의 임내(任內)로 하였다.【신라 파사왕(婆娑王)이 음집벌국(音汁伐國)을 취(取)하여 음집화현(音汁火縣)을 두었는데, 뒤에 그 땅을 안강현(安康縣)에 합속(合屬)시켰다.】기계현(杞溪縣)은 본디 모혜현(芼兮縣)이고,【혹은 화계(化鷄)라고도 한다.】신광현(神光縣)은 본디 동잉음현(東仍音縣)인데, 위의 두 현(縣)은 경덕왕(景德王)이 지금의 이름으로 고쳐서 모두 의창군(義昌郡)의 영현(領縣)을 삼았고, 자인현(慈仁縣)은 본디 노사화현(奴斯火縣)인데, 경덕왕이 지금의 이름으로 고쳐서 장산군(獐山郡)의 영현(領縣)으로 삼았다. 위의 세 고을은 고려 현종(顯宗) 무오에 모두 본부(本府)의 임내(任內)에 붙였는데, 본조(本朝)에서도 그대로 따랐다. 부곡(部曲)이 넷이니, 구사(仇史)는 본디 마진량현(麻珍良縣)인데, 경덕왕이 여량(餘良)으로 이름을 고쳐서 장산군(獐山郡)의 영현(領縣)으로 삼았고, 죽장(竹長)은 본디 장진현(長鎭縣)인데, 임고군(林皐郡)의 영현(領縣)으로 삼았다. 위의 두 고을은 고려에서 지금의 이름으로 고쳐서 부곡(部曲)을 만들어 모두 본부(本府)의 임내(任內)에 붙였다. 그리고, 북안곡(北安谷)과 성법이(省法伊)이다. 【예전에는 성잉이(省仍伊)라 하였다.】

금오산(金鰲山) 【본부(本府)의 남서쪽에 있다. 신라 시조의 궁전(宮殿) 유기(遺基)가 있는데, 후인(後人)이 그 터에 창림사(昌林寺)를 세웠다. 지금은 없어졌다.】 형산(兄山) 【부 북쪽에 있는데, 소재관(所在官)으로 하여금 제사를 지내게 한다.】 사방 경계는 동쪽으로 감포(甘浦)에 이르기 59리, 서쪽으로 경산(慶山)에 이르기 89리, 남쪽으로 언양(彦陽)에 이르기 49리, 북쪽으로 청송(青松)에 이르기 92리이다.

본부(本府)의 호수는 1천 5백 52호, 인구가 5천 8백 94명이며, 안강(安康)의 호수는 2백 70단(單) 1호, 인구가 1천 4백 50명이요, 기계(杞溪)의 호수는 1백 77호, 인구가 4백 90단(單) 1명이며, 신광(神光)의 호수는 95호, 인구가 4백 48명이요, 자인(慈仁)의 호수는 2백 37호, 인구가 1천 6명이다. 군정(軍丁)은 시위군(侍衛軍)이 66명, 진군(鎭軍)이 2백 9명, 선군(船軍)이 9백 40단(單) 1명이다.

경주최씨(慶州崔氏)

본부(本府)의 토성(土姓)이 6이니, 이(李)·최(崔)·정(鄭)·손(孫)·배(裵)·설(薛)이다.【김부식(金富軾)이 이르기를, "조선(朝鮮) 유민(遺民)이 산골짜기에 나누어 살아서 여섯 마을이 되었으니, 첫째는 알천(閼川) 양산촌(楊山村), 둘째는 돌산(突山) 고허촌(高墟村), 세째는 취산(嘴山) 우진촌(于珍村), 네째는 무산(茂山) 대수촌(大樹村), 다섯째는 금산(金山) 가리촌(加利村), 여섯째는 명활산(明活山) 고야촌(高耶村)으로서, 이것이 진한 육부(辰韓六部)가 되었다. 육부 사람이 박혁거세(朴赫居世)를 높여서 임금으로 세웠으니, 이가 신라 시조가 되었다. 세째 임금 유리왕(儒理王) 8년에 이르러 육부의 이름을 고치고, 인해 성(姓)을 주었으니, 양산은 양부(梁部)로, 성(姓)은 이(李)로 하고, 고허는 사량부(沙梁部), 성은 최(崔)로, 우진은 본피부(本彼部), 성은 정(鄭)으로, 대수는 점량부(漸梁部), 성은 손(孫)으로, 가리는 한지부(漢祗部), 성은 배(裵)로, 명활은 비습부(比習部), 성은 설(薛)로 하였다."고 하였다.】삼가 선원(璿源)을 상고하건대, 본디 나온 곳은 바로 경주 이씨이다. 하늘에서 내린 성이 3이니, 박(朴)·석(昔)·김(金)이다.【박씨는 김부식이 이르기를, "고허 촌장 소벌공(蘇伐公)이 양록나정(楊麓蘿井) 곁 숲속에서 말이 무릎을 꿇고 울고 있는 것을 바라보고 가서 본즉, 말은 보이지 아니하고 다만 큰 알이 있었다. 쪼개니 어린아이가 나와서 거두어 길렀더니, 10여 살에 미쳐, 용모와 재주가 뛰어나고 숙성하였다. 육부의 사람들이, 그 나온 것이 신이(神異)함으로써 함께 높여서 이를 임금으로 삼아 세우니, 이가 바로 박혁거세이다. 진인(辰人)이 호(瓠)를 '박(朴)'이라고 하는데, 당초의 큰 알이 박과 같기 때문에 '박'으로 성을 삼았다."고 하고, 석씨는 김부식이 말하기를, "다파야국(多婆耶國)은 왜국(倭國)의 동북쪽 1천 리 거리에 있었는데, 처음 그 나라 임금이 여국(女國)의 왕녀에게 장가들어, 애기를 밴 지 7년 만에 큰 알을 낳으매, 임금이 말하기를, '사람이 알을 낳음은 상서롭지 못하니 버리는 것이 마땅하다.'고 하였다. 그 여자가 차마 버리지 못하여, 비단으로 알을 싸고 보물과 아울러서 궤(櫃) 속에 넣어 바다에 띄워보내었다. 처음에 금관국(金官國)의 바닷가에 이르니, 사람들이 괴이히 여겨 취하지 아니하였다. 또 진한(辰韓) 아진 포구(阿珍浦口)에 이르니, 곧 박혁거세 39년이다. 바닷가의 노모가 노끈으로 궤를 끌어당겨 해안에 매어놓고, 궤를 열어 보니, 어린아이가 있었다. 드디어 가져다 길렀더니, 장성함에 미쳐, 신장이 9척이요, 풍채가 빼어나고 밝으며, 지식이 남보다 뛰어났다. 어떤 이가 말하기를, '이 아이는 성씨를 알지 못하니, 처음 궤가 떠 올 때에 한 마리의 까치가 지저귀며 따랐으니 마땅히 까치 「작(鵲)」자에서 새 「조(鳥)」는 없애고 석(昔)으로 성씨를 할 것이며, 궤 속에 간직한 것을 벗고 나왔으니 탈해(脫解)로 이름함이 마땅하다.'고 하였다. 처음에는 고기잡이로 업을 삼으매, 어멈이 말하기를, '너는 보통 사람이 아니고, 골상(骨相)이 남과 다르니, 학문에 종사하여 공명을 세움이 마땅하다.'고 하였다. 이에 오로지 학문에 정신을 다하고, 겸하여 지리(地理)에 통하니, 남해왕(南解王)이 그 어짊을 듣고, 그 딸로써 아내를 삼게 하였다. 장차 죽을 적에 그 아들 유리(儒理)에게 이르기를, '너의 박(朴)·석(昔) 두 성은 아들과 사위를 논하지 말고, 나이가 많은 자로써 서로 왕위를 잇도록 하라.'고 하였다. 유리가 장차 죽을 때에 미쳐 여러 신하에게 이르기를, '탈해는 선왕(先王)의 고명(顧命)이 있고, 또 어짊이 왕위를 이음이 마땅하다.'고 하여 탈해가 이에 임금 자리에 서니, 이가 신라 네째 임금이다."고 하였다. 김씨는 김부식이 이르기를, "탈해왕 9년에, 밤에 금성(金城) 서쪽 시림(始林) 나무 사이에서 닭의 우는 소리가 있음을 듣고, 날이 밝자 대보(大輔) 호공(瓠公)을 보내어 가서 보게 하니, 금빛의 작은 궤가 나무 가지에 걸려 있고, 흰 닭이 그 밑에서 울고 있었다. 임금이 사람을 시켜 궤를 가져와서 열어 보게 하니, 어린아이가 그 안에 있는데, 용자(容姿)가 기위(奇偉)하였다. 임금이 기뻐하여 좌우에게 이르기를, '이는 하늘이 내게 아들을 줌이 아닐까 보냐.' 하고, 거두어 길러서 이름을 김알지(金閼智)라고 하였는데, 장성함에 미쳐 총명하고 지략(智略)이 많았다. 금궤에서 나온 까닭으로 성을 김으로 하였다. 김알지의 7세손 김미추(金味雛)가 신라 조분왕(助賁王)의 딸에게 장가들었는데, 조분왕이 아들이 없어서, 그의 동생 첨해왕(沾解王)으로써 왕위를 잇게 하였더니, 첨해왕도 또한 아들이 없으므로, 국인(國人)이 김미추를 세웠다. 이것이 김씨가 나라를 가진 시초이다." 하였다.】 내성(來姓)이 1이니, 강(康)이요,【동주(洞州)에서 왔다.】 사성(賜姓)이 1이니, 설(偰)이며,【원(元)나라 숭문감 승(崇文監丞) 설손(偰遜)은 고창국(高昌國) 사람인데, 원나라 말기에 난리를 피하여 동방으로 와서, 그 맏아들 판삼사사(判三司事) 설장수(偰長壽)가 관향(貫鄕)을 주기를 청하니, 태조가 계림(鷄林)으로 본관을 삼기를 명하였다.】 속성

경주최씨(慶州崔氏)

(續姓)이 1이니, 양(楊)이다.【기계(杞溪)에서 왔는데, 이때에 향리(鄕吏)가 되었다.】안강현(安康縣)의 성이 5이니, 안(安)·노(盧)·김(金)·황(黃)·염(廉)이요, 중국에서 온 성[唐來姓]이 2이니, 소(邵)·변(邊)이며, 속성(續姓)이 3이니, 윤(尹)【송생(松生)에서 왔다.】·최(崔)·이(李)【본부(本府)에서 왔다. 모두 향리(鄕吏)가 되었다.】이다. 기계(杞溪)의 성이 4이니, 유(兪)·양(楊)·익(益)·윤(尹)이며, 속성(續姓)이 1이니, 김(金)이다.【김해에서 왔는데, 지금은 향리가 되었다.】신광(神光)의 성이 4이니, 서(徐)·진(陳)·윤(尹)·신(申)이요, 자인(慈仁)의 성이 4이니, 박(朴)·한(韓)·정(鄭)·주(周)이며, 속성(續姓)이 2이니, 임(任)【진도(珍島)에서 왔다.】·변(邊)【가은(加恩)에서 왔는데, 모두 향리가 되었다.】이다. 구사(仇史)의 성이 3이니, 정(鄭)·석(石)·조(曺)이요, 내성(來姓)이 1이니, 전(全)이다.【장산(獐山)에서 왔다.】북안곡(北安谷)의 성이 3이니, 이(李)·송(宋)·갈(葛)이며, 속성(續姓)이 2이니, 홍(洪)【근본은 알 수 없다.】·김(金)이다.【본부에서 왔는데, 모두 장역(長役)이 되었다.】죽장(竹長)의 속성이 4이니, 갈(葛)【화원(花園)에서 왔다.】·김(金)·이(李)【본부에서 왔다.】·송(宋)이며,【합천에서 왔는데, 모두 장역(長役)이 되었다.】성법이(省法伊)의 속성이 2이니, 김(金)·최(崔)이다.【본부에서 왔는데, 모두 장역(長役)이 되었다.】인물(人物)은 대대각간 증 흥무 대왕(大大角干贈興武大王) 김유신(金庾信)【신라 태종 때 사람.】·한림 학사(翰林學士)·설총(薛聰)【신문왕(神文王) 때 사람인데, 고려에서 홍유후(弘儒侯)를 증직(贈職)하고 문묘

경주최씨(慶州崔氏)

(文廟)에 종사(從祀)하였다. 】·한림 학사 최치원(崔致遠)【신라 말기에 벼슬하였다. 고려에서 문창후(文昌侯)를 증직(贈職)하고 문묘(文廟)에 종사(從祀)하였다. 】·문하 시중(門下侍中) 낙랑후(樂浪侯) 문렬공(文烈公) 김부식(金富軾)【고려 인종(仁宗) 때 사람. 】·문하 시중(門下侍中) 문충공(文忠公) 이제현(李齊賢)【공민왕 때 사람. 】이다.

경주최씨(慶州崔氏)

씨족사 개요(氏族史 槪要)

최씨의 대종(大宗)인 경주최씨(慶州崔氏)는 신라의 전신 사로(斯盧) 6촌 중 돌산고허촌(突山高墟村 : 경주의 중심부)의 촌장으로서 다른 5촌의 촌장과 함께 박혁거세(朴赫居世)를 왕으로 추대하여 32년(유리왕 9) 최씨로 사성(賜姓) 받은 소벌도리(蘇伐都利)를 시조로, 그의 후손이며 신라의 석학(碩學) 최치원(崔致遠)을 중시조로 하고 있다.

문창후(文昌侯) 최치원은 869년(경문왕 9) 12세 때 당나라에 유학, 17세에 과거에 급제하여 세인을 놀라게 했다. 이때부터 당나라에서 벼슬하여 비범한 문재로 명성을 떨치기 시작했는데, 특히 산동 지방에서 일어난 황소(黃巢)의 난 때 지은 <토황소격문(討黃巢檄文)>은 절세의 명문으로 알려졌다. 29세 때 귀국하여 요직에 임명되었으나 국정의 문란함을 통탄하고 외직(外職)을 자청, 지금의 정읍, 함양, 서산 등지의 태수(太守)를 지냈다. 그 무렵 신라는 말기 현상이 나타나 안으로는 대각간(大角干) 위홍(魏弘)이 국정을 농단하고 밖으로는 궁예(弓裔) 등이 난을 일으켜 세력을 확대해 가고 있었다. 그는 어지러운 난세를 비관, 관직을 내놓고 금오산, 지리산 등 각지를 유랑하다가 가야산(伽倻山) 해인사(海印寺)에서 여생을 마쳤다. 그는 많은 저서를 남겼는데, 그 중 <계원필경(桂苑筆耕)>은 우리나라 최고의 시문집이요 융혼무비한 명문장으로 높이 평가받고 있다. 우리나라 최고의 지성이요, 한문학의 조종(祖宗)으로 추앙되었고 뒷날 문묘(文廟)에 종사(從祀)되었다.

경주최씨(慶州崔氏)

경주최씨는 신라 말 이래의 전통 있는 명벌로서 최치원(崔致遠), 최승우(崔承祐), 최언위(崔彦撝, 仁渷) 등 세 사람은 모두 당나라에 유학, 과거에 급제하고 돌아와 문명을 날림으로써 〈일대삼최(一代三崔)〉라 일컬어졌다.

신라 말에 명성을 떨친 경주최씨는 고려조에 들어와서도 상당히 많은 인물을 배출했다. 고려 성종 때 명신으로 이름이 높았던 수문하시중(守門下侍中) 최승로(崔承老)와 그의 손자로 정종 때 문하시중(門下侍中)을 지낸 최제안(崔齊顔), 최언위의 손자로 현종 때의 명신인 최항(崔沆), 충숙왕 때 이제현(李齊賢)과 함께 당대의 문호로 이름을 날린 최해(崔瀣), 명종 때의 정당문학(政堂文學) 최여해(崔汝諧) 등이 고려조의 대표적인 인물이다.

조선시대에 와서는 퇴조를 보여 겨우 문과급제자 42명, 호당(湖堂) 1명, 청백리 1명, 공신 5명을 배출하였다.

관가정(觀稼亭) 최청(崔淸)은 고려 말에 감무(監務)를 지내고 고려가 망하자 양주에 은거했다. 인조조 정묘호란 때 의주에서 순사한 충의공(忠毅公) 최몽량(崔夢亮)은 그의 후손이다.

광정공(匡靖公) 최단(崔鄲)은 고려 말에 이성계 휘하의 무장으로 위화도회군에서 공을 세우고 조선 개국 후 병조판서(兵曹判書)를 지냈다. 선조 때의 의병장 최동보(崔東輔), 정조 때의 학자 백불암(百弗庵) 최흥원(崔興遠) 등은 그의 후손이다.

최한홍(崔漢洪)은 중종반정(中宗反正)에 가담, 정국공신(靖國功臣) 2등을 계림군(鷄林君)에 봉해지고 육도병마절도사(六道兵馬節度使)를 역임했다. 문정공(文貞公) 최숙생(崔淑生)은 중종 때 우찬성

(右贊成)을 지내고 명종 때 기묘사화(己卯士禍)로 파직되었다.

정무공(貞武公) 최진립(崔震立)은 정유재란 때 권율(權慄) 장군 휘하에서 전공을 세우고 병자호란 때 공주영장(公州營將)으로 용인에서 분전하다 전사했으며 청백리에 녹선되었다. 동학(東學)의 창시자로 유명한 수운(水雲) 최제우(崔濟愚)는 진립의 8대손이다.

근대 인물로는 한말의 거유(巨儒)요 의병장으로 유명한 면암(勉庵) 최익현(崔益鉉), 제2대 동학교주 최시형(崔時亨)을 들 수 있다.

항렬과 세계(行列과 世系)

경주최씨 항렬표(慶州崔氏 行列表)

관가정공파(觀稼亭公派)

세	항렬자	세	항렬자	세	항렬자
28	鍾(종)·錫(석) 鉉(현)·鎭(진) 會(회)·鋿(상)	29	永(영)·洙(수) 洛(낙)·淵(연) 泳(영)·濟(제)	30	植(식)·相(상) 秉(병)·柄(병) 根(근)
31	炳(병)·默(묵) 煥(환)·然(연) 息(식)·熙(희)	32	奎(규)·圭(규) 在(재)·載(재) 璋(장)·環(환)	33	鎬(호)·鎔(용) 錡(기)·善(선) 義(의)·鐸(탁)
34	鴻(홍)·淳(순) 浩(호)·汶(문) 浚(준)·海(해)	35	權(권)·來(래) 杓(표)·秀(수) 林(림)·和(화)	36	炯(형)·容(용) 炫(현)·烈(열) 燦(찬)·燁(엽)
37	坤(곤)·珍(진) 培(배)·遠(원) 壽(수)·埈(준)	38	鈺(옥)·銓(전) 欽(흠)·鏞(용) 釣(조)·銘(명)	39	求(구)·泰(태) 承(승)·沂(기) 澤(택)·治(치)
40	樂(낙)·述(술) 村(정)·模(모) 柱(주)·彬(빈)	41	光(광)·炅(경) 焞(돈)·薰(훈) 燮(섭)·煐(영)	42	均(균)·埼(기) 埰(채)·志(지) 吉(길)·垣(원)
43	鉦(정)·鋪(포) 銶(구)·銀(은) 鍊(련)·仁(인)	44	源(원)·洪(홍) 潤(윤)·泌(비) 沅(원)·澈(철)	45	桓(환)·栽(재) 栢(백)·棋(기) 穆(목)·杉(삼)

판서공파(判書公派)

세	항렬자	세	항렬자	세	항렬자
28	永(영)	29	秉(병)	30	燮(섭)
31	在(재)	32	鎬(호)	33	淳(순)
34	東(동)	35	燦(찬)	36	培(배)
37	鏞(용)	38	澤(택)	39	權(권)
40	熏(훈)	41	吉(길)	42	鍊(련)
43	澈(철)	44	穆(목)		

광정공파(匡靖公派)

세	항렬자	세	항렬자	세	항렬자
28	孝(효) 述(술)	29	鉉(현) 炳(병)	30	永(영) 珪(규)
31	植(식) 錫(석)	32	炳(병) 永(영)	33	圭(규) 相(상)
34	鎬(호) 容(용)	35	淳(순) 圭(규)	36	東(동) 鎬(호)
37	熙(희) 海(해)	38	敎(교) 東(동)	39	鎭(진) 煥(환)
40	漢(한)	41	桓(환)	42	燁(엽)
43	載(재)	44	銀(은)	45	洪(홍)

경주최씨(慶州崔氏)

상서공파(尙書公派)

세	항렬자	세	항렬자	세	항렬자
28	鍾(종) 鉉(현)	29	永(영) 海(해)	30	植(식) 相(상)
31	炳(병) 鳴(명)	32	奎(규) 埰(채)	33	鎬(호) 錡(기)
34	浚(준) 鴻(홍)	35	來(래) 杓(표)	36	炯(형) 容(용)
37	培(배) 埈(준)	38	鐸(탁) 銓(전)	39	求(구) 沂(기)
40	模(모) 權(권)				

좌윤공파(左尹公派)

세	항렬자	세	항렬자	세	항렬자
28	鍾(종) 鉉(현)	29	海(해) 溶(용)	30	柄(병) 植(식)
31	燦(찬) 炳(병)	32	吉(길) 奎(규)	33	鎬(호)
34	淳(순)	35	東(동)	36	熙(희)
37	均(균)	38	錫(석)	39	浣(완)
40	柱(주)				

경주최씨(慶州崔氏)

길성군파(吉城君派)

세	항렬자	세	항렬자	세	항렬자
28	鍾(종)	29	洙(수)	30	植(식)
31	炳(병)	32	圭(규)	33	鎬(호)
34	海(해)	35	東(동)	36	容(용)
37	載(재)	38	鈺(옥)	39	承(승)
40	權(권)				

계림군파(鷄林君派)

세	항렬자	세	항렬자	세	항렬자
28	憲(헌) 炫(현)	29	海(해) 基(기)	30	述(술) 鎭(진)
31	洙(수) 煥(환)	32	基(기)	33	錫(석)
34	淳(순)	35	相(상)	36	熙(희)
37	均(균)	38	鍾(종)	39	洛(낙)
40	柱(주)				

경주최씨(慶州崔氏)

충렬공파(忠烈公派)

세	항렬자	세	항렬자	세	항렬자
28	述(술)·壽(수) 宗(종)	29	雲(운)·正(정) 之(지)	30	鍾(종) 淳(순)
31	洛(락)·溶(용) 木(목)	32	東(동)·相(상) 煥(환)	33	烈(열)·燮(섭) 基(기)
34	壽(수)·善(선) 鎭(진)	35	鎬(호)·鉉(현) 洙(수)	36	永(영)·漢(한) 東(동)
37	來(래)·植(식) 炳(병)	38	容(용)·光(광) 圭(규)	39	培(배)·圭(규) 鍾(종)
40	鎭(진)·鈺(옥) 澤(택)	41	澤(택) 柱(주)	42	燮(섭)
43	在(재)	44	鎬(호)	45	演(연)

정랑공파(正郎公派)

세	항렬자	세	항렬자	세	항렬자
28	相(상)	29	容(용)	30	在(재)
31	鎭(진)	32	永(영)	33	植(식)
34	炳(병)	35	圭(규)	36	鍾(종)
37	淳(순)	38	秉(병)	39	默(묵)

사성공파(司成公派)

세	항렬자	세	항렬자	세	항렬자
28	錫(석) 鉉(현)	29	洪(홍)·海(해) 泳(영)	30	秉(병)·植(식) 相(상)
31	炳(병) 煥(환)	32	基(기)·埰(채) 圭(규)	33	錡(기)·鎭(진) 鎬(호)
34	浚(준)·洙(수) 淳(순)	35	株(주)·榮(영) 杓(표)	36	熙(희) 容(용)
37	載(재)·瑢(용) 埈(준)	38	鎭(진)·銘(명) 銓(전)	39	泰(태)·源(원) 河(하)
40	模(모)·根(근) 林(림)	41	烘(홍) 烈(열)	42	孝(효) 均(균)
43	鍾(종) 錄(록)	44	洛(낙) 漢(한)	45	桂(계) 和(화)

송오공파(松塢公派)

세	항렬자	세	항렬자	세	항렬자
28	鎭(진)	29	洛(낙)	30	相(상)
31	煥(환)	32	圭(규)	33	鎬(호)
34	淳(순)	35	棟(동)	36	烈(열)
37	載(재)	38	鏞(용)	39	泰(태)
40	杓(표)				

경주최씨(慶州崔氏)

문밀공파(文密公派)

세	항렬자	세	항렬자	세	항렬자
28	溟(명) 宅(택)	29	孝(효) 圭(규)	30	鎭(진)
31	洙(수) 準(준)	32	模(모) 相(상)	33	炳(병) 熙(희)
34	均(균) 基(기)	35	鐘(종) 鍾(종)	36	泳(영)
37	樂(낙) 集(집)	38	烈(열)	39	載(재)
40	欽(흠)	41	溶(용) 涉(섭)	42	柱(주) 桂(계)
43	光(광) 然(연)	44	圭(규)	45	錫(석)

동성군파(東城君派)

세	항렬자	세	항렬자	세	항렬자
28	宅(택)	29	珪(규)	30	昌(창)
31	坤(곤)	32	雲(운)	33	在(재)
34	鍾(종)	35	洙(수)	36	東(동)
37	容(용)	38	圭(규)	39	鍾(종)
40	泰(태)				

문정공파(文正公派)

세	항렬자	세	항렬자	세	항렬자
28	昌(창) 熙(희)	29	鎭(진) 錫(석)	30	澤(택) 淑(숙)
31	相(상) 秉(병)	32	煥(환) 烈(열)	33	載(재) 奎(규)
34	鏞(용) 鎬(호)	35	洙(수) 溶(용)	36	棟(동) 植(식)
37	容(용) 燉(돈)	38	圭(규) 培(배)	39	鍾(종) 鐸(탁)
40	泰(태) 來(래)				

화숙공파(和淑公派)

세	항렬자	세	항렬자	세	항렬자
28	永(영) 泳(영)	29	相(상) 植(식)	30	榮(영) 炳(병)
31	圭(규) 壽(수)	32	鎭(진) 錫(석)	33	淳(순) 河(하)
34	秉(병) 東(동)	35	烈(열) 熙(희)	36	載(재) 基(기)
37	鍾(종) 鎔(용)	38	浩(호) 泰(태)	39	模(모) 根(근)
40	炯(형) 炫(현)	41	均(규) 在(재)	42	鍈(영)
43	源(원)				

경주최씨(慶州崔氏)

밀직공파(密直公派)

세	항렬자	세	항렬자	세	항렬자
28	圭(규)	29	錫(석)	30	永(영)
31	植(식)	32	炳(병)	33	載(재)
34	錫(석)	35	河(하)	36	東(동)
37	熙(희)	38	基(기)	39	鎔(용)
40	泰(태)	41	根(근)		

문순공파(文順公派)

세	항렬자	세	항렬자	세	항렬자
28	鉉(현) 鎭(진)	29	泳(영) 海(해)	30	植(식) 相(상)
31	烈(열) 煥(환)	32	基(기) 圭(규)	33	鎬(호) 鎔(용)
34	洙(수) 源(원)	35	栢(백) 根(근)	36	炯(형) 然(연)
37	採(채) 瑞(서)	38	銓(전) 錡(기)	39	漢(한) 泰(태)
40	杓(표) 東(동)	41	燁(엽) 燦(찬)	42	志(지) 吉(길)
43	銶(구) 鉦(정)	44	澈(철) 洪(홍)	45	權(권) 桓(환)

경주최씨(慶州崔氏)

학사공파(學士公派)

세	항렬자	세	항렬자	세	항렬자
28	浩(호) 營(영)	29	相(상) 植(식)	30	炳(병) 榮(영)
31	塡(전) 坤(곤)	32	鎔(용) 鎬(호)	33	洙(수) 源(원)
34	栢(백) 根(근)	35	烈(열) 然(연)	36	埰(채) 瑞(서)
37	銓(전) 錡(기)	38	漢(한) 泰(태)	39	杓(표) 根(근)
40	燁(엽) 燦(찬)				

경주최씨(慶州崔氏)

경주최씨 세계도(慶州崔氏 世系圖)

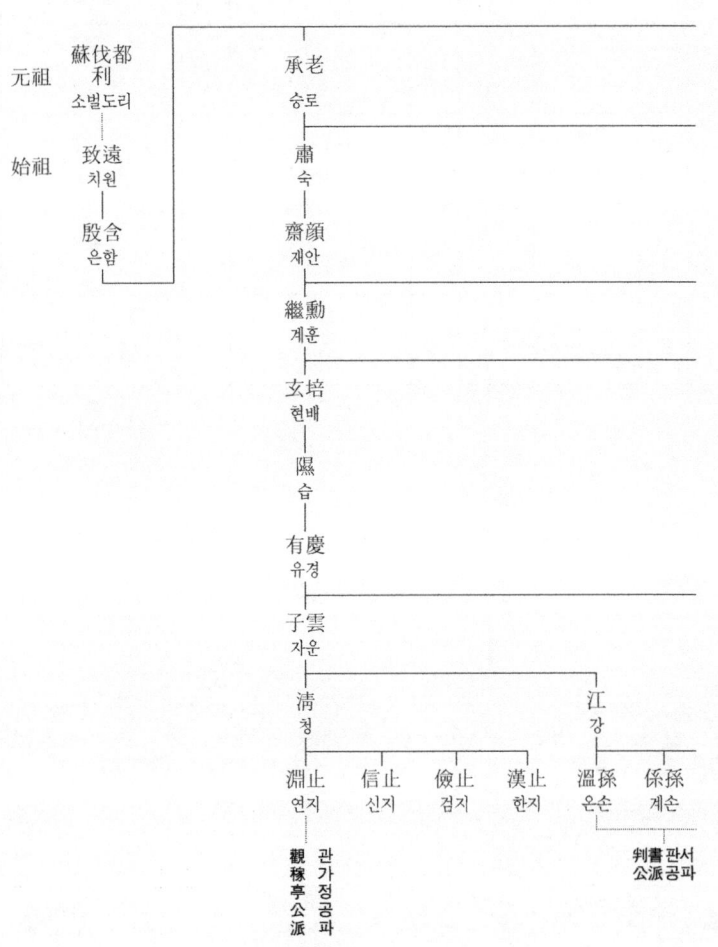

경주최씨(慶州崔氏)

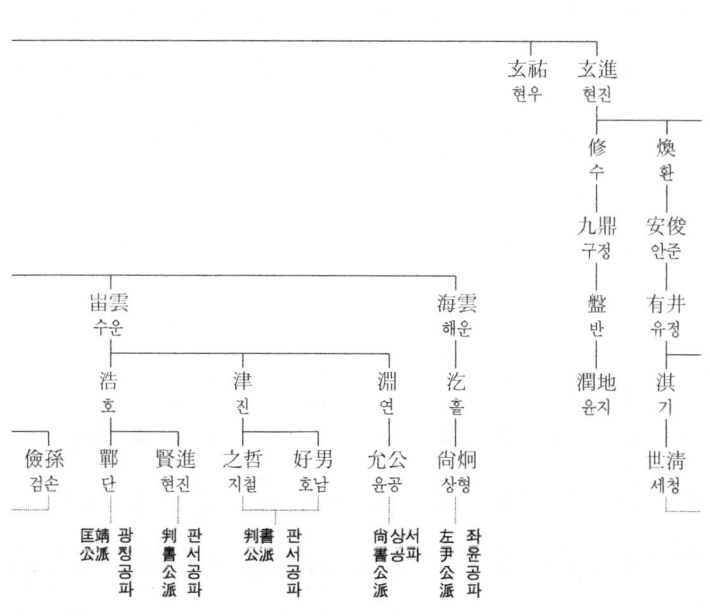

경주최씨(慶州崔氏)

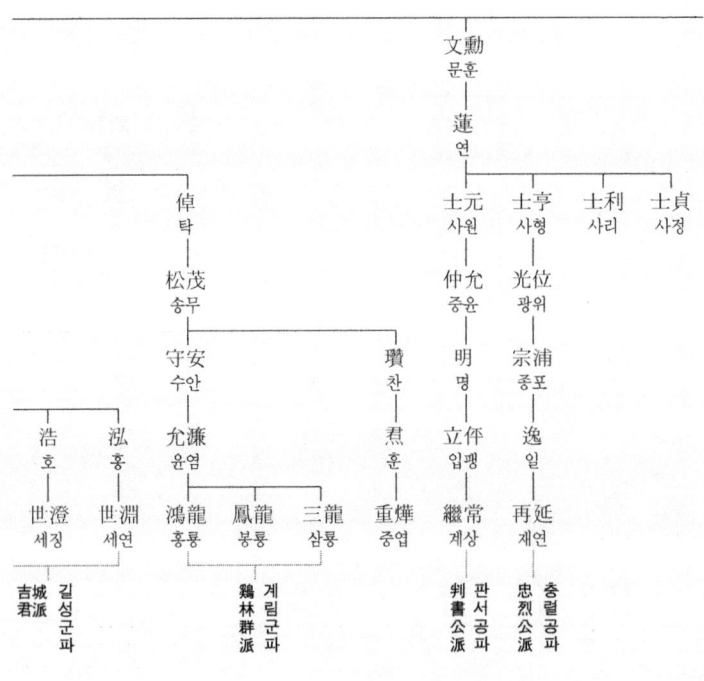

경주최씨(慶州崔氏)

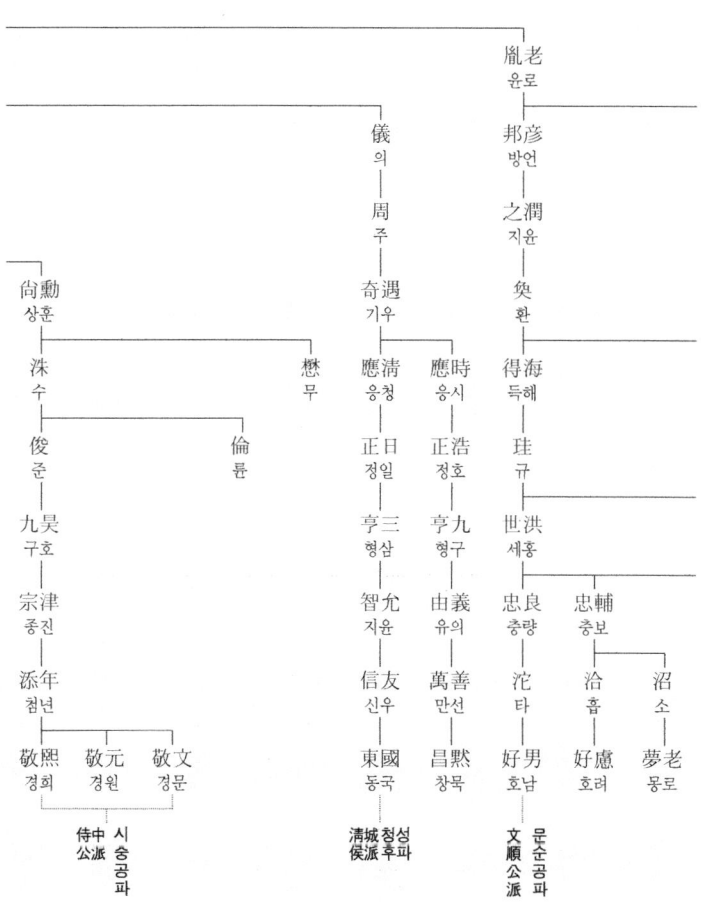

경주최씨(慶州崔氏)

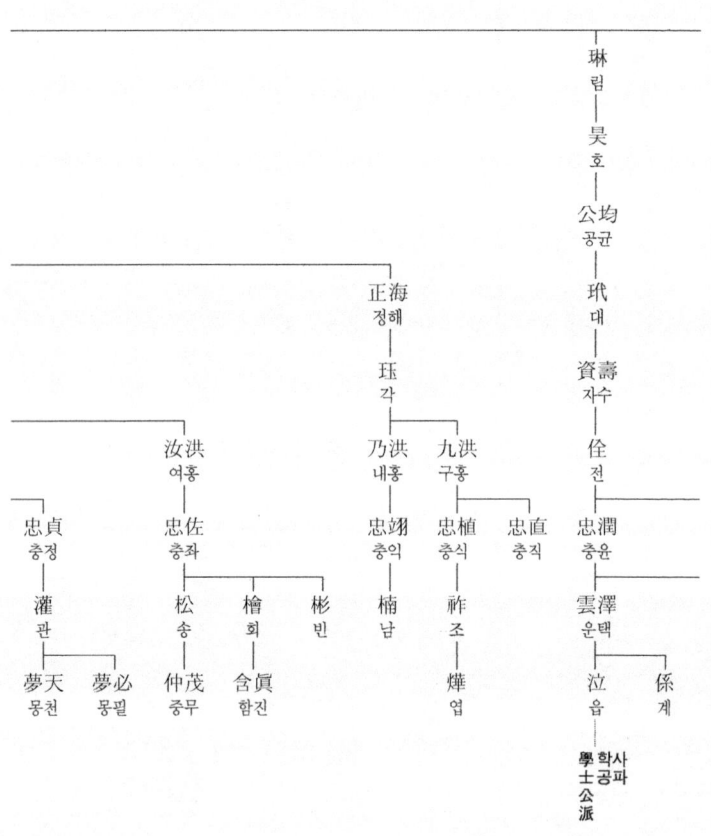

경주최씨(慶州崔氏)

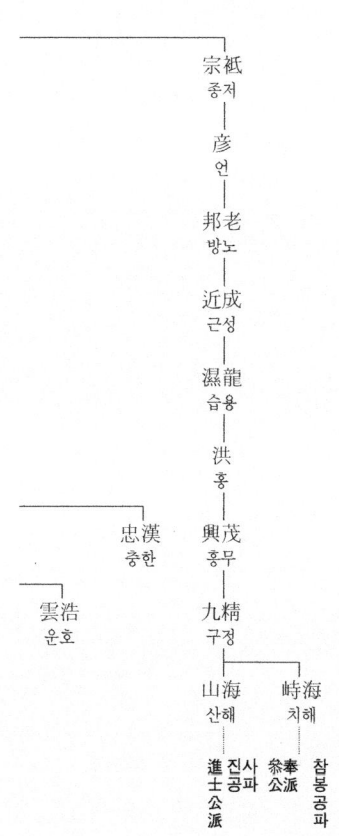

경주최씨(慶州崔氏)

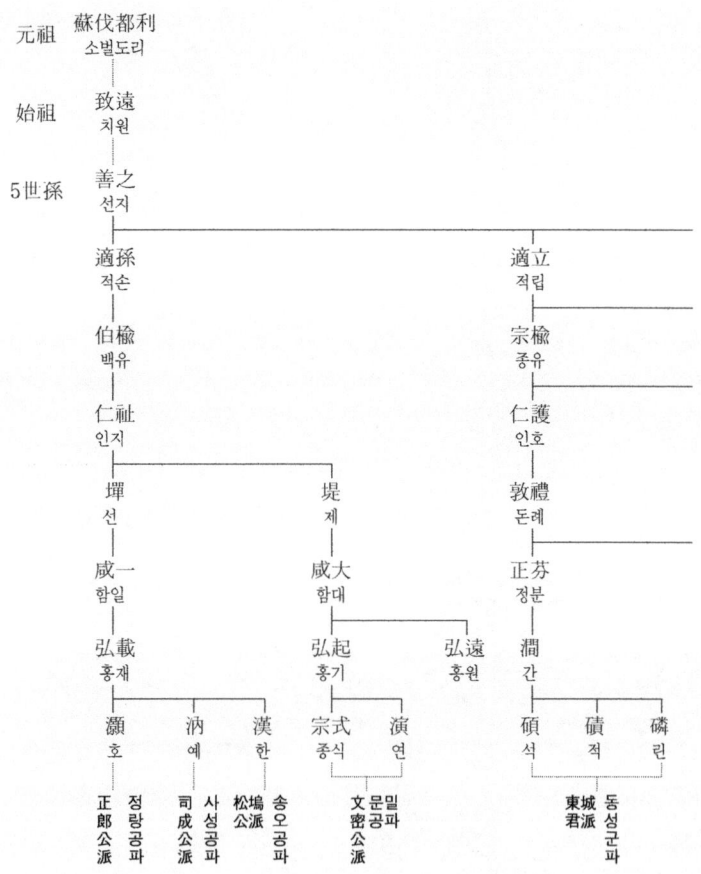

경주최씨(慶州崔氏)

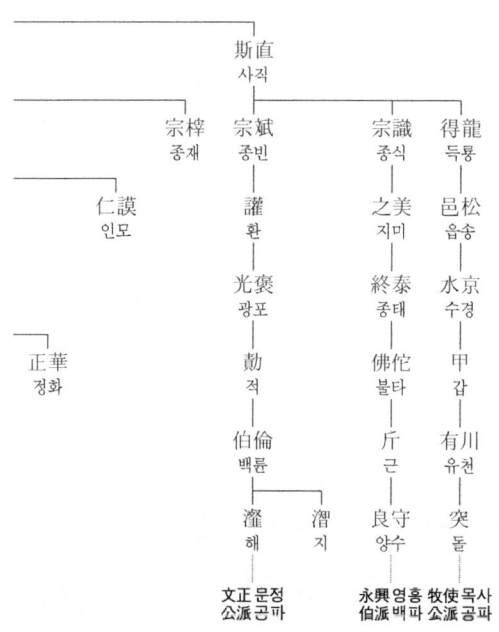

경주최씨(慶州崔氏)

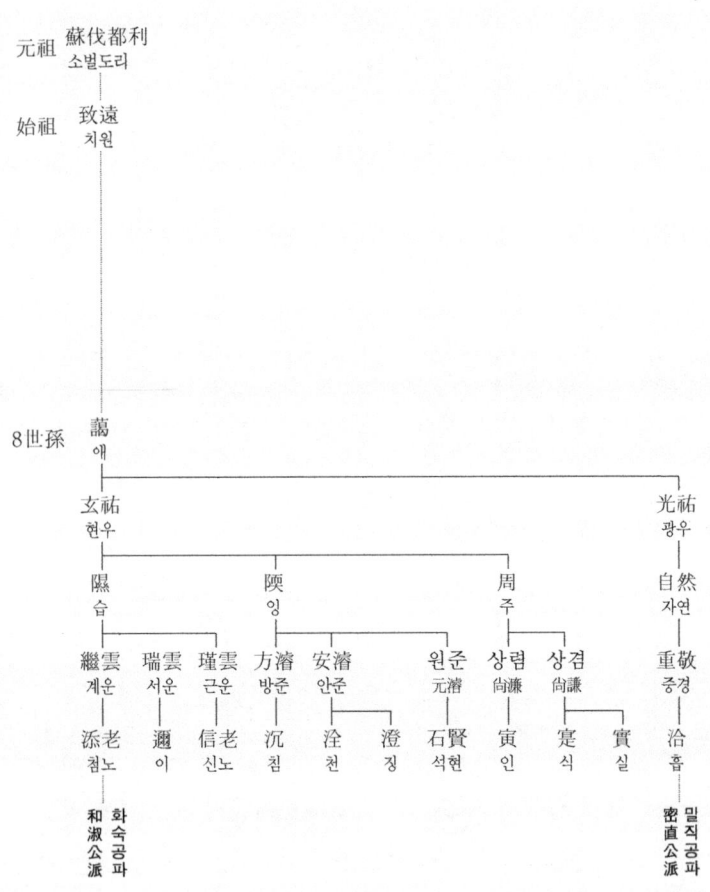

경주최씨(慶州崔氏)

문창후 선생 최치원(文昌候先生崔致遠)

자는 고운(孤雲) 또는 해운(海雲). 경주 사량부(沙梁部 또는 本彼部) 출신. 견일(肩逸)의 아들이다.

신라 골품제에서 6두품(六頭品)으로 신라의 유교를 대표할 만한 많은 학자들을 배출한 최씨 가문출신이다. 특히, 최씨 가문 중에서도 이른바 '신라 말기 3최(崔)'의 한 사람으로서, 새로 성장하는 6두품출신의 지식인 중 가장 대표적인 인물이었다. 세계(世系)는 자세히 알 수 없으나, 아버지 견일은 원성왕의 원찰인 숭복사(崇福寺)의 창건에 관계하였다.

최치원이 868년(경문왕 8)에 12세의 어린 나이로 중국 당나라에 유학을 떠나게 되었을 때, 아버지 견일은 그에게 "10년 안에 과거에 합격하지 못하면 내 아들이 아니다."라고 격려하였다고 한다. 이러한 이야기는 뒷날 최치원 자신이 6두품을 '득난(得難)'이라고도 한다고 하여 자랑스럽게 말하고 있었던 점과 아울러 신흥가문출신의 기백을 잘 나타내주고 있다.

당나라에 유학한지 7년만인 874년에 18세의 나이로 예부시랑(禮部侍郎) 배찬(裵瓚)이 주관한 빈공과(賓貢科)에 합격하였다. 그리고 2년간 낙양(洛陽)을 유랑하면서 시작(詩作)에 몰두하였다. 그 때 지은 작품이 《금체시(今體詩)》 5수 1권, 《오언칠언금체시(五言七言今體詩)》 100수 1권, 《잡시부(雜詩賦)》 30수 1권 등이다. 그 뒤

경주최씨(慶州崔氏)

876년(헌강왕 2) 당나라의 선주(宣州) 표수현위(漂水縣尉)가 되었다. 이 때 공사간(公私間)에 지은 글들을 추려 모은 것이 《중산복궤집(中山覆簣集)》 1부(部) 5권이다. 그 뒤, 887년 겨울 표수현위를 사직하고 일시 경제적 곤란을 받게 되었으나, 양양(襄陽) 이위(李蔚)의 문객(門客)이 되었다. 곧 이어 회남절도사(淮南節度使) 고변(高騈)의 추천으로 관역순관(館驛巡官)이 되었다. 그러나 문명(文名)을 천하에 떨치게 된 것은 879년 황소(黃巢)가 반란을 일으키자 고변이 제도행영병마도통(諸道行營兵馬都統)이 되어 이를 칠 때 고변의 종사관(從事官)이 되어 서기의 책임을 맡으면서부터였다.

그 뒤 4년간 고변의 군막(軍幕)에서 표(表)·장(狀)·서계(書啓)·격문(檄文) 등을 제작하는 일을 맡게 되었다. 그 공적으로 879년 승무랑 전중시어사 내공봉(承務郞殿中侍御史內供奉)으로 도통순관(都統巡官)에 승차되었으며, 겸하여 포장으로 비은어대(緋銀魚袋)를 하사받았다. 이어 882년에는 자금어대(紫金魚袋)를 하사받았다. 고변의 종사관으로 있을 때, 공사간에 지은 글이 표·장·격(檄)·서(書)·위곡(委曲)·거첩(擧牒)·제문(祭文)·소계장(疏啓狀)·잡서(雜書)·시 등 1만여 수에 달하였으며, 귀국 후 정선하여 《계원필경(桂苑筆耕)》 20권을 이루게 되었다. 이 중 특히 〈토황소격(討黃巢檄)〉은 명문으로 이름이 높다.

885년 귀국할 때까지 17년 동안 당나라에 머물러 있는 동안 고운(顧雲)·나은(羅隱) 등 당나라의 여러 문인들과 사귀어 그의 글재주는 더욱 빛나게 되었다.

이로 인해 《당서(唐書)》 예문지(藝文志)에도 그의 저서명이 수록되었다. 이규보(李奎報)는 《동국이상국집》 권22 잡문(雜文)의 〈당서에 최치원전을 세우지 않은 데 대한 논의[唐書不立崔致遠傳議]〉에서 《당서》 열전(列傳)에 최치원의 전기가 들어 있지 않은 것은 중국인들이 그의 글재주를 시기한 때문일 것이라고까지 말하고 있다.

29세로 신라에 돌아오자, 헌강왕에 의해 시독 겸 한림학사 수병부시랑 지서서감사(侍讀兼翰林學士守兵部侍郎知瑞書監事)에 임명되었다. 그리고 국내에서도 문명을 떨쳐 귀국한 다음해에 왕명으로 〈대숭복사비문(大崇福寺碑文)〉 등의 명문을 남겼고, 당나라에서 지은 저작들을 정리해 국왕에게 진헌하였다.

그러나 당시의 신라사회는 이미 붕괴를 눈앞에 두고 있었다. 무엇보다도 지방에서 호족세력이 대두하면서 중앙정부는 주(州)·군(郡)의 공부(貢賦)도 제대로 거두지 못해 국가의 창고가 비고, 재정이 궁핍한 실정이었다. 889년(진성여왕 3)에는 마침내 주·군의 공부를 독촉하자 농민들이 사방에서 봉기해 전국적인 내란에 들어가게 되었다.

이에 최치원은 895년 전국적인 내란의 와중에서 사찰을 지키다가 전몰한 승병들을 위해 만든 해인사(海印寺) 경내의 한 공양탑(供養塔)의 기문(記文)에서 당시의 처참한 상황에 대해, "당토(唐土)에서 벌어진 병(兵)·흉(凶) 두 가지 재앙이 서쪽 당에서는 멈추었고, 동쪽 신라로 옮겨와 그 험악한 중에도 더욱 험악해 굶어서 죽고 전쟁으로 죽은 시체가 들판에 별처럼 흐드러져 있었다."고 적었다.

당나라에서 직접 황소의 반란을 체험한 바 있는 그에게는 고국에서 벌어지고 있던 전쟁과 재앙이 당나라의 그것이 파급, 연장된 것으로 느껴졌던 모양으로, 당대 제일의 국제통(國際通)다운 시대감각이라 아니할 수 없다.

귀국한 뒤, 처음에는 상당한 의욕을 가지고 당나라에서 배운 경륜을 펴보려 하였다. 그러나 진골귀족 중심의 독점적인 신분체제의 한계와 국정의 문란함을 깨닫고 외직(外職)을 원해 890년에 대산군(大山郡: 지금의 전라북도 태인)·천령군(天嶺郡: 지금의 경상남도 함양)·부성군(富城郡: 지금의 충청남도 서산) 등지의 태수(太守)를 역임하였다.

부성군 태수로 있던 893년 하정사(賀正使)에 임명되었으나 도둑들의 횡행으로 가지 못하고, 그 뒤에 다시 사신으로 당나라에 간 일이 있다.

894년에는 시무책(時務策) 10여 조를 진성여왕에게 올려서 문란한 정치를 바로잡으려고 노력하기도 하였다. 10여 년 동안 중앙의 관직과 지방관직을 역임하면서, 중앙 진골귀족의 부패와 지방 세력의 반란 등의 사회모순을 직접적으로 목격한 결과, 그 구체적인 개혁안을 제시하기에 이른 것이다.

시무책은 진성여왕에게 받아들여져서 6두품의 신분으로서는 최고의 관등인 아찬(阿飡)에 올랐으나 그의 정치적인 개혁안은 실현될 수 없는 것이었다. 당시의 사회모순을 외면하고 있던 진골귀족들에게 그 개혁안이 받아들여질 리는 만무했던 것이다. 그리고 얼마 후, 실정을 거듭하던 진성여왕이 즉위한지 11년만에 정치문란의 책임을 지고 효공왕에게 선양(禪讓)하기에 이르렀다.

최치원은 퇴위하고자 하는 진성여왕과 그 뒤를 이어 새로이 즉위한 효공왕을 위해 대리 작성한 각각의 상표문(上表文)에서 신라가 이미 돌이킬 수 없는 멸망의 길로 들어서고 있었던 것을 박진감 나게 묘사하였다. 이에 이르자 최치원은 신라왕실에 대한 실망과 좌절감을 느낀 나머지 40여 세 장년의 나이로 관직을 버리고 소요자방(逍遙自放)하다가 마침내 은거를 결심하였다. 당시의 사회적 현실과 자신의 정치적 이상과의 사이에서 빚어지는 심각한 고민을 해결하지 못하고 결국 은퇴의 길을 택하지 않을 수 없었던 것 같다.

즐겨 찾은 곳은 경주의 남산(南山), 강주(剛州: 지금의 경상북도 義城)의 빙산(氷山), 합천(陜川)의 청량사(淸凉寺), 지리산의 쌍계사(雙磎寺), 합포현(合浦縣: 지금의 昌原)의 별서(別墅) 등이었다고 한다. 이 밖에도 동래(東萊)의 해운대(海雲臺)를 비롯해 그의 발자취가 머물렀다고 전하는 곳이 여러 곳 있다.

만년에는 모형(母兄)인 승 현준(賢俊) 및 정현사(定玄師)와 도우(道友)를 맺고 가야산 해인사에 들어가 머물렀다. 해인사에서 언제 세상을 떠났는지 알 길이 없으나, 그가 지은 〈신라수창군호국성팔각등루기[新羅壽昌郡護國城八角燈樓記]〉에 의하면 908년(효공왕 12) 말까지 생존했던 것은 분명하다.

그 뒤의 행적은 전혀 알 수 없으나, 물외인(物外人)으로 산수간에서 방랑하다가 죽었다고도 하며 또는 신선이 되었다는 속설도 전해오고 있다. 그러나 자살한 것이 아닌가 하는 새로운 주장도 있다.

《삼국사기》 〈최치원전〉에 의하면, 고려 왕건(王建)에게 보낸 서한 중에는 "계림은 시들어가는 누런 잎이고, 개경의 곡령은 푸른 솔(鷄林黃葉 鵠嶺靑松)"이라는 구절이 들어 있어 신라가 망하고 고려가 새로 일어날 것을 미리 내다보고 있었다고 한다.

최치원이 실제 왕건에게 서신을 보낸 사실이 있었는지 확인할 길은 없다. 그러나 그가 송악(松岳)지방에서 새로 대두하고 있던 왕건세력에 주목하고 있었던 것은 사실인 것 같다.

은거하고 있던 해인사에는 희랑(希朗)과 관혜(觀惠) 등 두 사람의 화엄종장(華嚴宗匠)이 있어서 서로 정치적 견해를 달리하며 대립하고 있었다. 즉, 희랑은 왕건을 지지한 반면, 관혜는 견훤(甄萱)의 지지를 표방하고 있었다. 그 때에 최치원이 희랑과 교분을 가지고 그를 위해 시 6수를 지어준 것이 오늘날까지 남아 있다. 이로 보아 최치원은 희랑을 통해서도 왕건의 소식을 듣고 있었고, 나아가 고려의 흥기에 기대를 걸었을 가능성을 생각할 수 있다.

그는 역사의 중심무대가 경주에서 송악지방으로 옮겨지고 또 그 주인공도 경주의 진골귀족이 몰락하는 대신에 지방의 호족세력이 새로 대두하고 있던 역사적 현실을 직접 눈으로 내다보면서 살다 간 사람이었다. 비록 그 어느 편에도 적극적으로 가담해서 사회적인 전환과정에서 주동적인 역할을 하지 못하고 이미 잔존세력에 불과하던 신라인으로 남아서 은거생활로 일생을 마치고 말았으나, 역사적 현실에 대한 고민은 그의 후계자들에게 영향을 주었다. 따라서 문인(門人)들이 대거 고려정권에 참가해 새로운 성격의 지배층을 형성함으로써 신흥고려의 새로운 정치질서·사회질서의 수립에 선구적인 역할을 담당하였다.

최치원이 살던 시대는 사회적 전환기일 뿐만 아니라 그에 상응하는 정신계의 변화도 활발하게 전개되고 있었다. 이러한 상황에서 그는 정신계의 변화면에 있어서도 중요한 위치를 점하고 있었다.

학문의 기본적 입장은 자신을 '부유(腐儒)'·'유문말학(儒門末學)' 등으로 표현했던 것으로 보아, 유학(儒學)이었던 것을 알 수 있다. 그는 유학을 단순히 불교의 부수적인 것으로 이해하거나, 왕자(王者)의 권위수식에만 이용하던 단계를 지나 새로운 정치이념으로 내세우면서, 골품제도라는 신라사회의 족적 편제방법(族的編制方法)을 부정하는 방향으로까지 발전시켰다. 유교에 있어서의 선구적 업적은 뒷날 최승로(崔承老)로 이어져 고려국가의 정치이념으로 확립을 보기에 이르렀다.

그는 유교사관(儒敎史觀)에 입각해서 역사를 정리하였다. 그 중 가장 대표적인 것이 연표형식으로 정리한 《제왕연대력(帝王年代曆)》이다. 《제왕연대력》에서는 거서간(居西干)·차차웅(次次雄)·이사금(尼師今)·마립간(麻立干) 등 신라왕의 고유한 명칭은 모두 야비해 족히 칭할 만한 것이 못된다고 하면서 왕(王)으로 바꿨다.

그것은 유교사관에 입각해서 신라문화를 이해하려는 역사인식에서 비롯된 것이었다. 이러한 최치원의 유교사관은 유교에 대한 이해가 보다 깊어지는 김부식(金富軾)의 그것에 비해서 냉정한 면이 결여된 만큼 모방적인 성격이 강했음을 나타내주는 것이었다.

《제왕연대력》은 오늘날 남아 있지 않아 그 내용은 알 수 없으나 가야를 포함해 삼국, 통일신라, 중국의 연표가 들어 있을 것으로 보인다. 그러나 〈사불허북국거상표(謝不許北國居上表)〉나 〈상태사시중장(上太師侍中狀)〉 등에서 나타난 발해인에 대한 강한 적개심으로 보아 발해사(渤海史)는 제외되었을 것으로 추측된다.

그런데 〈상태사시중장〉에서는 마한은 고구려, 변한은 백제, 진한은 신라로 발전한 것으로 인식하고, 발해는 고구려의 후예들이 건국한 것으로 이해하고 있었다. 이로 보아 그가 인식한 한국고대사체계는 삼한-삼국-통일신라와 발해로 이어져오는 것이었다. 나아가 그 자신의 시대에 와서 통일신라 자체도 이미 붕괴되고 있었던 것으로 인식하고 있는 것 같다. 그리고 유교에 있어서의 선구적인 역할과 아울러 빼놓을 수 없는 것이 한문학사(漢文學史)에 있어서의 업적이다. 그의 한문학은 중국문학의 차용(借用)을 통해서 형성되었다.

신라의 문화적 전통 속에서 성립된 향가문학(鄕歌文學)과 대립되는 새로운 문학장르를 개척하였다. 문장은 문사를 아름답게 다듬고 형식미가 정제된 변려문체(騈儷文體)였다. 《동문선》과 《계원필경》에 상당수의 시문이 수록되어 전하고 있으며, 평이근아(平易近雅)하여 당시 만당시풍(晩唐詩風)과 구별되었다.

최치원은 그 자신 유학자로 자처하면서도 불교에도 깊은 관심을 가져 승려들과 교유하고, 불교관계의 글들을 많이 남기고 있었다. 불교 중에서도 특히 종래의 학문불교·체제불교인 화엄종의 한계와 모순에 대해서 비판하는 성격을 가진 선종(禪宗)의 대두를 주목하고 있었다.

지증(智證)·낭혜(朗慧)·진감(眞鑑) 등 선승들의 탑비문(塔碑文)

을 찬술하였다. 그 중 특히 〈지증대사비문(智證大師碑文)〉에서는 신라선종사(新羅禪宗史)를 간명하게 기술한 것으로 유명하다. 여기서 신라의 불교사를 세 시기로 구분해 이해한 것은 말대사관(末代史觀)에 입각한 것으로서 주목된다. 그러나 불교 중에서 주목한 것은 선종만이 아니었다. 오히려 더욱 깊은 관심을 가진 것은 종래의 지배적 불교인 화엄종이었다. 화엄종관계의 글을 많이 남기고 있어서 오늘날 확인되는 것만도 20여 종에 이르고 있다. 특히, 화엄종 사찰인 해인사에 은거한 뒤부터는 해인사관계의 글을 많이 남겼다.

화엄종관계의 글 중에는 《법장화상전(法藏和尙傳)》·《부석존자전(浮石尊者傳)》·《석순응전(釋順應傳)》·《석이정전(釋利貞傳)》 등이 있었던 것이 확인된다. 이로 보아 신라화엄종사(新羅華嚴宗史)의 주류를 의상(義湘)-신림(神琳)-순응(順應)-이정(利貞)-희랑으로 이어지는 계통으로 이해하지 않았는가 한다. 그리고 화엄학 외에도 유식학자(唯識學者)인 원측(圓測)과 태현(太賢) 등에 대해서도 언급하고 있어, 화엄학과 함께 신라불교의 양대 조류를 이루었던 유식학(唯識學)도 이해하고 있었던 것으로 주목된다.

유교와 불교 외에 기타 사상으로서 지적할 수 있는 것은 도교(道敎)와 노장사상(老莊思想)·풍수지리설(風水地理說)이다. 당나라에 있을 때 도교의 신자였던 고변의 종사관으로 있으면서 도교에 관한 글을 남기고 있었던 것을 보아, 그 영향을 받았을 것을 짐작할 수 있다. 특히 《계원필경》 권15에 수록된 〈재사(齋詞)〉에서 그의 도교에 대한 이

그리고 귀국한 뒤 정치개혁을 주장하다가 진골귀족의 배척을

받아 관직을 떠난 뒤에는 현실적인 불운을 노장적(老莊的)인 분위기 속에서 자족하려고 하는 면이 시에 잘 나타나 있다. 이러한 현실도피적인 행동이 뒷날 도교의 인물로까지 잘못 전해지게 되었던 것이다.

또한 그가 찬술한 〈대숭복사비문〉에 의하면, 예언적인 도참신앙(圖讖信仰)과 결부되어 국토재계획안적인 성격을 가지고 사회적 전환의 추진력이 되고 있었던 풍수지리설에도 상당한 이해를 가지고 있었던 것을 알 수 있다.

그리고 그의 사회에 대한 인식이나 역사적인 위치가 선승(禪僧)이자 풍수지리설의 대가였던 도선(道詵)과 비슷한 점은 주목할 만하다.

이처럼 유학자라고 자처하면서 유교 외에 불교나 노장사상, 심지어는 풍수지리설까지도 아무 모순 없이 복합해 이해하고 있었던 것이다. 특히, 유교와 불교의 조화에 노력한 면이 〈난랑비서문(鸞郎碑序文)〉을 비롯한 그의 글 여러 곳에서 나타나고 있다.

이러한 사상적인 복합화가 중앙의 진골귀족들의 독점적인 지배체제와 그들의 고대적인 사유방식에 반발하던 6두품출신의 최치원에 의해 추진되었다는 사실은 신라고대문화의 한계를 극복하려는 새로운 사상운동으로서의 성격을 가진다. 그러나 말년에 와서의 소극적이며 은둔적인 생활은 시대적인 제약성을 스스로 극복하지 못함으로써 신라 말 고려 초의 사회적인 전환기에서 중세적 지성의 선구자로 머물다간 아쉬움을 남겼다.

1020년(현종 11) 현종에 의해 내사령(內史令)에 추증, 다음해에 문창후(文昌候)에 추시(追諡)되어 문묘에 배향되었다. 조선시대에 태인(泰仁)의 무성서원(武城書院), 경주의 서악서원(西嶽書院), 함양의 백연서원(柏淵書院), 영평(永平)의 고운영당(孤雲影堂), 대구 해안현(解顔縣)의 계림사(桂林祠) 등에 제향되었다.

저술로는 시문집으로 《계원필경》 20권, 《금체시》 5수 1권, 《오언칠언금체시》 100수 1권, 《잡시부》 30수 1권, 《중산복궤집》 1부 5권, 《사륙집(四六集)》 1권, 문집 30권 등이 있었다. 사서(史書)로는 《제왕연대력》이 있었다. 불교에 관계되는 저술로는 《부석존자전》 1권, 《법장화상전》 1권과 《석이정전》·《석순응전》·《사산비명(四山碑銘)》 등이 있었다.

오늘날 전하는 것은 《계원필경》·《법장화상전》·《사상비명》 뿐이고, 그 외는 《동문선》에 시문 약간, 사기(寺記) 등에 기(記)·원문(願文)·찬(讚) 등 그 편린만이 전한다.

글씨도 잘 썼다. 오늘날 남아 있는 것으로는 쌍계사의 〈진감선사비문〉이 유명하다. 그리고 전해오는 많은 설화 중에서 가장 대표적인 것으로는 조선시대 김집(金集)의 《신독재전집(愼獨齋全集)》에 실린 〈최문헌전(崔文獻傳)〉이 있다.

난랑비 서(鸞郞碑序)

우리나라에 현묘한 도가 있으니 이를 일러 '풍류도'라 한다.
(國有玄妙之道 曰風流)

이 가르침의 연원은 선사에 상세히 실려 있거니와, 근본적으로 세 종교(유교, 불교, 도교)를 이미 자체 내에 지니어 모든 생명이 가까이

하면 저절로 감화한다. (設敎之源 備詳仙史 實乃包含三敎 接化群生)

들어와서는 부모에 효도하고 나가서는 나라에 충성하니, 이는 노사구(공자)의 가르침과 같다. (且如入則孝於家 出則忠於國 魯司寇之旨也)

하염없는 일에 머무르고 말없이 가르침을 행하는 것이 주주사(노자)의 가르침과 같다. (處無爲之事 行不言之敎 周柱史之宗也)

모든 악한 일을 짓지 않고 모든 선한 일을 받들어 실행함은 축건태자(석가)의 가르침과 같다. (諸惡莫作 諸善奉行 竺乾太子之化也.)

시무 10조(時務十條)

지금 현재 조정은 왕위를 차지하기 위한 귀족들의 세력다툼으로 인해 백성의 일은 뒷전이 되어가고 있다. 내가 나라를 위해 안정된 나라가 되어 백성들이 마음 놓고 살 수 있도록 시무 10조를 만들어 보았으나, 나의 관직이 낮고, 조정에서는 나를 낮게만 보니 받아들여질지 모르겠구나.

첫째, 골품에 의한 정계 진출 제한을 없애야 한다. 나를 포함한 많은 선비들이 골품으로 인하여 출세의 길이 막혀 뜻을 펼치고 있지 못하고 있다. 더욱이 총명하고 사상이 깊은 선비들이 국가에서 뜻을 펼칠 수 있다면 국가는 더욱 발전할 수 있을 것이다.

둘째, 녹읍을 폐지하고 관료전을 지급하여야 한다. 진골 귀족들이 농민을 수탈하려 하고 있소. 이러한 농민수탈을 막기 위해서는 녹읍을 폐지하고, 관료전을 지급하여야 한다.

셋째, 사원의 면세전 혜택을 없애야 한다. 면세전 혜택으로 백성들에게 전가를 하거나 탈세를 하는 악용을 하는 사람들이 많다. 결국 해를 입는 것은 백성들이니, 백성을 위하여 이를 없애야 한다.

넷째, 왕위 계승을 확립해야 한다. 무열왕계 세습이 무너지며 조정에서는 진골들이 왕위를 차지하기 위해 다투고 있다. 그리하여 왕은 자신이 왕위에서 폐지될까 두려워, 백성들의 생활을 돌보지 아니하고 있는 것이다.

다섯째, 지방통제를 강화해야 한다. 호족세력들이 성장하며 왕위다툼이 더욱 심해질 것이다. 그러니 호족세력들을 통제하려는 제도를 강화시켜야 할 것이다.

여섯째, 귀족들의 사치스러운 생활을 금해야 한다. 귀족들의 사치스러운 생활로 인해 백성의 혈세를 거두는 일이 잦아지며, 그 양도 증가하고 있다. 자신을 과시하기 위한 다른 나라의 수입품과 비싼 물건들로 인하여 백성들은 굶고 있는 것이다.

일곱째, 골품에 상관없이 등용을 해야 한다. 낮은 골품에도 능력과 학식을 갖춘 선비들이 많소. 나라의 일을 보지 않고 왕위다툼만 하는 모양뿐인 귀족들이 되면 안 된다. 오직 백성과 나라를 위하여 자신의 학문을 쌓고, 노력을 하는 선비가 필요하다.

여덟째, 삼국간의 교류를 활성화해야 할 것이다. 현재 후고구려와 후백제가 생겨났다. 조정은 백성을 돌보지 아니하여, 후백제와 후고구려의 백성이 되고자 하는 백성이 생겨나고 있는 것이다. 이대로 백성들이 사라지면, 신라는 멸망하게 될 것이다. 게다가 백제와 고구려를 멸망시킨 신라를 경멸하고 있는 후고구려와 후백제이니, 신라를 멸망시키기 위해 노력할 것이다. 그러니 삼국간의 교류를 활성화 시켜, 신라에 대한 안 좋은 감정을 작아지도록 해야 할 것이다.

아홉째, 군사 체제를 정비해야할 것이다. 9서당 10정의 운영이 후백제와 후고구려의 성립으로 무너지며 호족자치의 군사력만 성장하였다. 아까 말했듯이, 결국 이는 더 큰 왕위다툼으로 이어질 것이고, 나라는 무너질 것이다.

열째, 교육기관을 확립해야 한다. 교육기관을 확립하여 다양한 인재를 길러내며, 나라의 앞길을 위하여 유능하고 백성을 위할 줄 아는 선비가 필요하다. 이러한 선비들을 길러내기 위하여 교육기관을 성립하여 국가를 더욱 부강하게 만들어야 할 것이다.

조정에서는 자신들의 재력과 직위를 위해 다투고 있으니, 이는 결국 백성들이 피 흘리게 되고, 나라는 점점 시들어 갈 것이다. 백성의 생활이 안정되어야 나라가 안정되고 부강해지는 법이니 이제 그만 조정에서는 왕위다툼을 멈추고, 백성을 위해 노력해야 할 것이다.

우리 국학(國學)의 첫 문을 연 선비

고운 최치원(孤雲 崔致遠)

춘강 최근덕(春崗 崔根德)

신라 경문왕 8년(서기 868년, 戊子) 번영을 극하던 신라 천년의 사직(社稷)도 어느덧 황혼으로 접어드는 무렵, 소년 최치원은 청운의 꿈을 안고 당(唐) 나라 유학의 길에 오른다. 열두 살의 어린 나이였다.

신라의 수도 서라벌에서 당나라 수도까지 수륙으로 몇 만 리, 그 야말로 아득한 노정이었다. 우선 서라벌에서 항구로 나와 배를 타기로 했다. 당에서 온 장삿배(商船)였을까, 아니면 큰 나라의 문물(文物)을 실으러 가는 신라의 배였을까.

그곳까지 따라온 아버지 견일(肩逸)이 배에 오르는 아들의 손을 잡고 말했다.

"당 나라에 가거든 공부 열심히 해야 된다. 십 년 안에 과거에 급제하지 못하면 내 아들이라 하지 마라. 나도 아들을 두었다 하지 않을 터이다. 가서 부디 부지런히 공부하거라."

소년 최치원은 뭐라 대답하였을까.

"아버님의 말씀 가슴에 깊이 새겨 두겠습니다. 당나라 가서 열심히 공부해서 기어코 십 년 안에 과거 급제를 하고 말겠습니다. 염려 마십시오."

굳게 맹서를 했는지 모른다. 그 당시 신라에서는 당 나라에 유학생을 많이 보내고 있었다. 요즘 말로 치면 국비(國費) 유학생도 있고, 사비(私費) 유학생도 있었다.

국비 유학생은 숙위학생(宿衛學生)이라 했는데, 선덕여왕(善德女王) 9년(서기 640년)부터 시작되었다. 신라의 귀족층 자제들을 유학이라는 명분을 붙여 당 나라로 데리고 가서 일정 기간 동안 공부를 시키고 머물게 했는데, 다분히 인질(人質)의 성격을 띠고 있었다. 신라를 견제하기 위한 수단이기도 했다. 숙위학생의 숙식 의복 등은 당 나라에서 부담하였는데, 홍려시(鴻臚寺:지금의 외무부)에서 이를 관장하였다. 신라 본국에서는 강서비(講書費), 즉 책 사는 돈만 지출했다.

이에 비해 사비 유학생은 많은 비용을 부담해야 되었고, 그래서 그 수가 많지 못했다. 어쨌거나 신라의 견당유학생(遣唐留學生)은 당 나라에서 모두 열심히 공부했던 것 같으며, 또 우수한 재질을 갖추고 있었다. 당에서는 외국인의 벼슬길 진출을 위해 빈공과(賓貢科)란 과거 제도를 설치하고 있었다.

최근 중국은 서기 9세기에서 10세기에 걸쳐 당 나라 수도 장안(長安)에 유학한 신라인은 2백60여 명이고, 그 중 90명이 관리 시험에 합격했다고 발표한 바 있다.

소년 최치원은 아버지의 엄훈(嚴訓)을 잊지 않았다. 늘 가슴속에 간직하고서 부지런히 학업에 정진했다. 조금도 한눈을 팔지 않았다. 그는 후일 술회하고 있다.

"저는 그 엄격하신 가르침을 가슴속에 새겨 잠시도 잊지 않고

경주최씨(慶州崔氏)

열심히 공부하였으며, 그 바람을 받들어 뜻을 길렀으니 실로 남보다 몇 곱절이나 더 노력해서 유학 온지 6년 만에 과거에 급제하였던 것입니다." 〈계원필경서(桂苑筆耕序)〉

아버지와의 약속은 10년이었지만 그는 6년 만에 해내고 말았다. 천재와 노력이 맞아떨어진 결과였다. 열여덟 살 되던 해(874년, 甲午) 9월 예부시랑(禮部侍郞) 배찬(裵瓚)이 주시(主試)로 관장한 제과(制科)에 응시해서 단번에 급제를 하고만 것이었다.

신라 청년의 우수성을 대당제국(大唐帝國)에 높이 인식시켜 준 것이었다. 더구나 당의 조정에서는 다음다음 해 겨우 20세가 된 그를 일약 현위(縣尉)로 등용한다.

현위는 한 지방을 다스리는 행정관으로 영장(令長), 승(丞) 다음으로 높은 고관이었다. 따라서 녹봉(祿俸)도 많았다. 그도 말하고 있다.

"녹(祿)이 후하고 공무(公務)는 한가로워 하루 내 배불리 먹었다."

사실은 하루 내 배불리 먹고 한가로이 보낸 것은 아니었다. 그는 공무 틈틈이 지은 글들이 모이자 책으로 엮었는데 무려 다섯 권이나 되었다. 이 책이 《중산복궤집(中山覆簣集)》이다.(지금 전하지 않는다)

현위로 부임한 곳이 선주(宣州) 율수(溧水 : 漂水라고도 한다)로서 중산(中山)도 그 지방 이름이다.

열두 살 어린 나이에 만리(萬里) 이역(異域) 물설고 낯설고 거기에다 언어조차 통하지 않는 외국에 나가 각고(刻苦) 6년 만에 과거 급제를 하고, 이어 일약 지방 행정관으로 나가게 되었으니 그 재주와 인품의 뛰어남을 미루어 짐작할 수 있다. 약관(弱冠)의 외국인이 대 제국의 행정관으로 어떤 다스림을 폈는지 자못 궁금하기조차 하다.

그는 서라벌의 사량부(沙梁部, 혹은 本彼部)에서 태어났으며, 아버지의 이름은 견일(肩逸)이었다. 성은 최(崔), 이름은 치원(致遠), 자(字)는 고운(孤雲) 혹은 해운(海雲)이라 했고, 호(號)도 또한 고운(孤雲)이라 일컫는다.

《삼국사기(三國史記)》 본전(本傳)에는 "공은 풍채가 아름답고 어릴 적부터 정민하고 학문을 좋아했다."라고 적고 있다.

선생은 문성왕 19년(서기 857년, 丁丑)에 탄생했다. 신라 46대 왕인 문성왕(文聖王)은 곧 돌아가고 9월에 왕숙(王叔)되는 훤정(誼靖 또는 祐靖, 성은 金氏)이 왕위에 오르는, 말하자면 헌안왕(憲安王) 1년에 해당된다.

문성왕(文聖王) 재위 연대는 천 년의 역사를 자랑하는 노(老) 제국 신라에 이미 쇠망의 조짐이 짙게 나타나고 있었다.

나라의 상하에 향락과 안일의 풍조가 널리 퍼지고 있었고 왕실 측근의 야심가들은 저마다 왕위를 노려 거침없이 반란을 일으키곤 했다. 따라서 중앙 정부의 위엄이 땅에 떨어져 지방 호족(豪族)이 예사로이 왕권에 도전하기도 했다. 그 중 가장 위세를 떨친 것이 장보고(張保皐)로 그는 뛰어난 용맹과 경륜으로 청해(淸海: 莞島)에 진(鎭)을 설치하고 이른바 해상 왕국(海上王國)의 웅지(雄志)를 불태웠다. 드디어는 중앙 정부에 세력을 뻗쳐 왕위 계승 다툼에 개입했고 반란도 일으키는 등 크게 위력을 발휘했다.

문성왕에 의해 진해장군(鎭海將軍)의 칭호를 받아 일본·당(唐)과의 활발한 무역을 펴는 한편, 중앙에 더욱 세력을 부식했지만 종내 왕이 파견한 자객의 손에 죽고 말았고, 해상 왕국의 꿈도 사라지고 말았다.

왕위를 둘러싼 잦은 정쟁과 반란, 속으로 곪아 가는 향락과 안일의 병폐, 이와 더불어 급속히 이반(離叛)되어 가는 민심은 결국 천년을 헤아리는 통일 제국이 사양의 길로 들어섰다는 예고이기도 했다.

이런 말기적 분위기에서 성장한 선생은 청운의 대망을 품고 당으로 유학을 떠났던 것이다. 전대미문(前代未聞)의 대제국(大帝國)을 건설한 당(唐)도 그 무렵 역시 흥성의 고비를 넘기고 있었지만, 의연히 세계 문화의 중심으로 자처하기에 족했다.

선생의 가문인 최씨(崔氏)는 신라 6성(姓)의 하나로 진골(眞骨 : 王族) 다음가는 육두품(六頭品)이었고, 상위 신분 계급에 속해 있었다. 수도 경주의 사량부(沙梁部)를 중심으로 세거(世居)하면서 명문을 이루었던 것이다.

특히 신라 말기에 일대삼최(一代三崔)라 일컫는 영재들을 배출했으니 세분이 모두 도당(渡唐) 유학생이었다. 일대삼최란 선생(致遠)과 승우(承祐) 인연(仁渷)을 말하는 것으로 승우는 진성여왕(眞聖女王) 4년(서기 890년) 당으로 건너가 국학(國學)에서 3년간 공부했고 예부시랑(禮部侍郞) 양섭(楊涉)이 고시관(考試官)이 된 빈공과에 급제했다. 문명(文名)을 날려 문집으로 『호본집(餬本集)』을

경주최씨(慶州崔氏)

남겼다고 한다. 인연(後名 彦撝 또는 初名 愼之)은 선생의 종제(從弟)로 18세에 당에 유학해서 급제하고 귀국 후에는 여러 벼슬을 지냈으며, 뒤에 고려에 입사(入仕)해서 태자사부(太子師傅)가 되고 문한(文翰)을 위임 받았다. 글씨에도 뛰어 났었다.

선생의 아버님 견일도 상당한 인물이었던 모양으로 선생이 찬(撰)한 숭복사(崇福寺) 비문(碑文)에 다음과 같은 구절이 들어 있다.

"경력(慶歷, 定康王 元年) 병오년(丙午年) 봄에 하신(下臣)을 돌아보시며 이르시되, 예(禮)에 이르지 아니했더냐, 명(銘)이란 스스로 이름함이니 그 선조의 덕을 칭송해서 후세에 밝게 나타나게 하는 것으로, 이것이 바로 효자 효손의 마음이라 했느니라. 선조(先朝)에서 절을 이룩할 처음에, 큰 서원(誓願)을 발하셨는데 김순행(金純行)과 너의 아버지 견일이 일찍이 이에 종사했었다. 명이 지어지면 나와 너 둘이 함께 효심을 이루게 되는 터이니 그대는 마땅히 명을 짓도록 하라."

엄부(嚴父)의 당부를 지켜 이역에서 급제를 하고, 스무살 젊은 나이에 대당제국 선주(宣州)의 율수현위(溧水縣尉)에 임명되었던 선생은 이듬해 겨울 사직했다. 고변(高騈)에게 올린 편지에 "전년 겨울 현위를 그만두고 굉사과(宏詞科)에 응시할 것을 바라 산 속에 들 결심을 해서 잠시 은퇴하였으며, 학문이 바다에 이르기를 기약해서 다시 스스로 갈고 닦았다."고 한 것을 보면 새로운 도약을 기해 한 번 더 공부에 정진하려고 했던 것 같다. 그러나 "녹봉이 남은 것이 없고 공부할 양식이 모자라서" 다시 관로로 나설 것을 모색했다.

때마침 황소(黃巢)의 반란군이 크게 군력(軍力)을 떨쳐서 수도 장안을 함락시키기에 이르렀고, 당황한 조정에서는 사천절도사(四川節度使) 고변을 제도행영병마도통(諸道行營兵馬都統)으로 삼아 관군의 총지휘를 위임했다.

고변은 평소 선생의 인격과 문명(文名)을 잘 알고 있었던 사람으로, 중책을 맡게 되자 선생을 종사관(從事官)으로 초빙해서 서기의 책임을 맡겼다.

이후 4년간 선생은 군막(軍幕)에서 필봉(筆鋒)으로 적의 예기(銳氣)를 꺾게 된다. 천하의 문장가로 이름을 날리는 계기가 되는 것이다.

황소의 난을 말하자면 그 시대적 배경을 짚어 보지 않을 수 없다. 주지하다시피 당은 중국 대륙에 성립된 통일 제국으로는 한(漢)에 이어 두 번째로 흥성을 극한 나라였다. (서기 618년 건국) 지역적으로 보나 문화적으로 보나 한을 훨씬 능가했고, 개방적인 문화 정책으로 해서 세계적임을 지향하고 있었다.

특히 2대 태종(太宗)이 이룩한 정관(貞觀)의 치(治)와 6대 현종(玄宗)에 의한 개원(開元)의 치세(治世)는 문화의 꽃이 만개한 태평성세(太平盛世)로 전성기를 이루었다. 인근 각국에서 문물 제도, 학술 사상을 배우려는 유학생이 구름처럼 모여들었고, 당에서는 이들에게도 등용의 문을 열어 주어 빈공과(賓貢科)란 과거제도를 설치해서 외국인 준재들을 뽑아 관로에 나서게 했다.

원래 천하 대세란 흥(興)이 있으면 쇠(衰)가 있는 법. 미증유의 대제국 당(唐)도 치세(治世)를 거치면서 숱한 모순과 병폐가 미여

경주최씨(慶州崔氏)

져 나와 드디어는 난세(亂世)로 접어들기 시작했다. 현종 때의 안록산(安祿山)의 난을 발단으로 해서(서기 755년), 구보(裘甫)의 난(859년), 방훈(龐勛)의 난(868년)이 잇달아 일어나 국운은 쇠락기를 맞이하고 있었다. 흥성의 고비를 넘기고 있었던 것이다.

이런 잦은 반란에도 불구하고 당 제국은 의연히 세계 문화의 중심지로 그 자리를 누리고 있었는데 드디어 대대적인 농민 반란이 터지고 말았다. 황소의 난이 바로 그것이다.

황소는 조주(曹州) 사람으로 5세 때 시를 지을 정도로 조숙했고 무예에도 능했으며, 과거에 낙방한 후로는 가업인 소금 암매매(暗賣買)에 종사해서 부를 쌓았다. 875년 왕선지(王仙芝)가 반란을 일으키자 이에 호응해 군사를 일으켰고, 왕선지가 패사(敗死)한 후로는 그 남은 무리를 모아 스스로 솔토대장군(率土大將軍=衝天大將軍)이라 일컫고 하남(河南)·강서(江西)·산동(山東)·복건(福建)·광동(廣東)·광서(廣西)·호남(湖南)·호북(湖北) 등 여러 성을 공략하였고, 880년에는 낙양(洛陽)·장안(長安)을 함락하기에 이르렀다.

이에 놀란 희종(僖宗)은 사천(四川)으로 피난을 했고, 사천절도사(四川節度使) 고변을 제도행영병마도통(諸道行營兵馬都統)으로 임명해서 반란군 진압의 대권을 위임했다. 고변은 문장·학문을 이해하는 무인(武人)으로 천평(天平)·검남(劍南)·진해(鎭海) 등의 절도사를 역임했고, 황소의 난이 확대되자 천하에 격문(檄文)을 보내 모병을 하고 토적군(討賊軍)을 대대적으로 일으켰다. 위세가 일세에 떨쳐 천자에 의해 토적의 전권을 위임받게 되자 우선 선생을 종사관으로 초빙한 것이었다. 고변이 선생을 종사관으로 발탁한 것은 평소의 문명을 흠모한 탓도 있지만, 선생과 동년(同年 : 同榜, 같은 해 급제함)인 고운(顧雲)의 추천을 참작했던 것으로 짐작된다.

고운(顧雲)은 지주(池州) 사람으로 자를 수상(垂象)이라 했는데, 재기 발랄한 소장 학자로 고변이 회남절도사(淮南節度使) 시절 종사관을 지냈었다. 선생과는 의기투합하는 사이로 매우 가까이 지내는 벗이었다.(顧雲은 후에 대학자로 대성한다.)

고변의 초빙을 받은 선생은 사양하는 글을 보냈다. 두 번에 걸쳐 완곡하게 사양한다.

"모(某)는 아룁니다. 저는 삼가 생각하건대 줄이 짧은 두레박으로는 깊은 샘물을 길을 수 없고 무딘 칼날로는 단단한 것을 뚫을 수 없습니다. 그러니 할 수 없는 일은 그만둘 수밖에 없는 것입니다. 주임(周任 : 옛 賢者, 周나라의 史家)은 말했습니다. 스스로 마땅히 힘을 헤아려서 행할 것이지, 어찌 마음이 하고 싶은 대로만 따를 것인가. 저는 동해의 한 선비인데 지난날 만 리 밖으로 집을 떠나 10년 동안 중국에 유학한 것은 본래 말석이나마 과거에 급제할 것과 강회(江淮) 지방의 한 현령이나 바랐을 뿐입니다."

이때의 일을 《삼국사기》에는 다음과 같이 기록하고 있다.

"이때에 황소가 반하자 고변이 제도행영병마도통(諸道行營兵馬都統)이 되어 토벌을 하게 되었는데 치원(致遠)을 초빙해 종사관으로 삼고 서기의 소임을 맡겼으며, 그 표장서계(表狀書啓)가 지금에 이르기까지 전하고 있다."

정식 관직은 승무랑(承務郎)으로 시어사(侍御史) 내공봉(內供奉)

을 띠고 있었던 것으로 짐작되며, 《계원필경집(桂苑筆耕集)》에도 도통순관(都統巡官) 시어사 내공봉을 일컫고 있다.

이후 4년 동안 선생은 고변의 군영에서 많은 글을 짓게 되는데, 그 중에서 가장 유명한 것이 '격황소서(檄黃巢書)' 이다.

이 글은 종사관이 된 바로 그 해(唐 僖宗 廣明 2년, 서기 881년) 반란군의 총수인 황소에게 보낸 것으로, 말하자면 관군 총사령관의 격문이다.

글 첫머리부터 심오한 뜻을 함축하고 있는 명문으로 24세 되는 청년 최치원의 학문의 깊이를 가늠할 수가 있다.

"대저 바른 것을 지키고 떳떳함을 닦는 것을 도(道)라 하고, 위험에 다다라 변통(變通)을 강구하는 것을 권(權)이라 한다. 슬기로운 자는 때에 순응하면서 이루고, 어리석은 자는 이치를 거슬리는 데서 패한다. 그러한 즉 비록 백 년의 수명에 죽고 사는 것을 기약하기 어렵지만, 모든 일은 마음이 주가 되어 옳고 그름은 분별될 수가 있는 것이다."

특히, "불지르고 겁탈하는 것을 좋은 짓으로 삼고, 죽이고 상하게 하는 것으로 급선무로 삼아, 큰 죄는 헤아릴 수 없이 많으나 속죄할 수 있는 조그만 착함도 없으니, 천하의 사람들이 모두 너를 죽이려고 생각할 뿐 아니라 또한 땅속의 귀신까지도 은밀히 죽일 것을 의논하였을 것이니, 네가 비록 숨은 붙어 있다고 하지만 넋은 이미 빠졌을 것이다." 하는 대목에 이르러서는 글을 읽던 황소가 혼비백산(魂飛魄散)한 나머지 저도 모르게 앉아 있던 의자에서 굴러 떨어졌다는 얘기가 전해 오고 있다.

스물네 살에서 스물일곱 살까지 만 4년 동안은 고변의 군막에서 이와 같은 글을 쓰는 일에 종사했다. 글의 종류가 표(表)·장(狀)·서(書)·계(啓)·격문(檄文) 등 다양했는데 그 수도 굉장했던 것 같다. 훗날 고국으로 돌아와 이때의 글들을 모아 《계원필경집》 20권을 편찬해 헌강왕(憲康王)에게 올렸는데, 그 서문에 다음과 같이 적고 있다.

"회남에 종직하며 고시중(高騈)이 글 쓰는 일을 전임하게 되자 몰려드는 군서를 힘을 다해 도맡았습니다. 4년 동안 용심한 것이 만여 수나 되었는데, 줄여 없애기를 거듭하고 나니 열에 한 둘도 남지 않았습니다마는, 감히 모래를 파헤쳐 보물을 찾아내는 일에 견주고, 기와를 헐고 흙손질한 벽에 금을 긋는 일보다는 조금 낫다고 여겨서 드디어 〈계원집〉 20권을 이루었습니다."

4년 동안 일만여(一萬餘)편의 글을 지었다고 하니, 그 박식함과 그 필력에 놀라움을 금할 수 없다.

노산(鷺山) 이은상(李殷相)은 이 대목에 대해 다음과 같이 말하고 있다.

"아라비아 기록에 의하면 황소가 반란을 일으킨 곳은 광동지대요, 거기서 회회교인(回回敎人)·기독교인·유태인·파사인(波斯人)들 10만여명이 죽었는데, 그때 그곳에는 우리 신라 사람들도 많이 가 살고 있었던 것이다. 선생은 더욱더 분노를 참지 못하여 실감 있는 글을 썼던 것이다." (부산 해운대 동상 비문의 한 구절)

그러나 애석하게도 이 글들이 우리의 사상사(思想史)나 유학사

(儒學史)에는 크게 도움이 되지 않는다. 이국(異國)의 군막(軍幕)에서 저희들끼리의 싸움에 다른 사람 이름(주로 관군측 사령관인 고변)으로 내쏟은 글에 지나지 않았던 것이다. 학문이 무르익고 필력이 용솟음치던 그 시절에 성경현전(聖經賢傳) 연구에 몰두할 수 있었던들, 저술 활동에 정력을 쏟았던들 길이 후세에 전해질 빛나는 금자탑이 이룩되었을 것이고, 우리의 사상사도 그만큼 살쪄워졌을 것이다.

어쨌거나 선생은 이때의 공으로 당제(唐帝)로부터 자금어대(紫金魚袋)를 하사받는 명예를 누렸다. 금어대(金魚袋)란 붕어모양으로 만든 금빛 주머니로서 벼슬아치들이 띠에 차게 되어 있었다. 금어대 중에서도 자색은 높은 표징이었고, 금어 아래에는 은어가 있었다. 주머니 속에 성명을 적은 표언(標言)이 있어 일종의 면책 특권이 있고 궁중에 드나들 수도 있었다.

28세 되던 해(서기 884년, 甲辰) 선생은 드디어 귀국할 뜻을 굳혔다. 황소의 난도 평정이 되어 군막의 필역(筆役)에서 놓여나게 될 수 있었고, 때마침 신라 본국에서 사신 김인규(金仁圭)가 입당(入唐)한 것이 계기가 되었던 것 같다. 그리고 사신 김인규를 따라 사촌아우 서원(棲遠)이 왔으니, 아마도 선생의 귀국을 독촉하기 위한 것이 아니었던가 짐작된다.

선생은 서원에게서 오랜만에 집안 소식을 들을 수 있었고 불현듯 망향의 정이 솟구쳤다. 상관인 고변을 통해 조정에 진정을 했는데, 당시의 황제 희종(僖宗)은 돌아갈 뜻이 간절함을 알아차리고는 허락을 해주었다. 더구나 그 사이의 공에 보답하는 뜻에서 국서(國書)

를 가져가는 사신의 임무를 띠게 특별히 조처를 내려주기도 했다.
 고변은 2백관이라는 막대한 돈과 일체의 행장을 챙겨주었고, 심지어 뱃머리에 달면 풍랑이 일지 않는다는 약주머니(藥俯子)까지 보내주는 것이었다. 지극한 인정의 표현이었을 것이다. 선생이 귀국한다는 소식에 문우들이 다투어 석별의 잔치를 베풀고 시도 보냈다. 가장 가까운 동년의 벗인 고운(顧雲)은 읊고 있다.

 내 들으니 바다위에 세 마리 금자라 있어서
 금자라 머리 위에 아스라하니 높은 산들 이고 있다네.
 산위에는 주궁(珠宮) 패궐(貝闕) 황금전(黃金殿)
 산 아래에는 천리 만리 우람한 파도들.
 그 옆에 한 점으로 찍힌 계림(鷄林)이 푸르르니
 자라산 빼어난 정기로 기남아(奇男兒)가 태어났네.
 열 두 살에 배타고 바다를 건너와서
 문장으로 중국을 뒤흔들고
 열 여덟에 문단을 마음껏 횡행(橫行)해
 단 한 살에 과거목표 쏘아 맞혔네.

 사실 그사이 고국으로 돌아가고픈 마음이 없었던 것은 아니었다. 공부에 파묻히고 학문에 정진하고 벼슬길에 올라 임무에 몰두하다 보니 어느덧 세월이 흘러갔을 뿐이었다.
 당에 머무는 동안 읊은 시들을 보면 만리 이역에서 얼마나 고독하고 얼마나 향수에 젖어 있었던가를 짐작할 수 있다.

경주최씨(慶州崔氏)

가을바람에 애써 시 읊지만 (秋風惟苦吟)
세상엔 알아주는 이 없네 (世路少知音)
창 밖에는 밤깊도록 비듯는 소리 (窓外三更雨)
등불 아래 마음은 만리를 달리네. (燈前萬里心)
〈추야우중(秋夜雨中)〉

모래밭에 말 세우고 돌아오는 배 기다리니 (沙汀立馬待回舟)
자욱하게 아지랑이 낀 수면에 만고의 시름 깃드네. (一帶烟波萬古愁)
산이 평지되고 또한 물이 말라져야 (直得山平兼水渴)
인간 세상에 이별이 없어지려는가. (人間離別始應休)
〈제우강역정(題芋江驛亭)〉

어린 나이에 고향을 떠나 머나먼 타국에서 남모르게 겪는 향수, 고독, 이별의 정(情)이 그대로 시에 나타나 있다. 다음 시는 또한 뼈저리게 느껴야 하는 소외감의 표출이다.

중국에 와서 객지생활 오래하니 (上國羈栖久)
부끄럼 많은 만리 타국 사람이라네 (多慚萬里人)
안자(顔子)처럼 가난을 견디는데 (那堪顔氏巷)
맹씨(孟氏)집 같은 좋은 이웃 얻었네 (得接孟家隣)
도(道)지켜 오직 옛 공부하거늘 (守道唯稽古)
사귀는 정이 어찌 가난을 꺼리리 (交情豈憚貧)
타향에서 알아주는 이 적으니 (他鄉少知己)

경주최씨(慶州崔氏)

자주 찾아간다 싫어하지 마오. (莫厭訪君頻)
〈장안여사여우신미장관접린(長安旅舍與于愼微長官接隣)〉

고변이 풍랑을 진정시키는 약주머니를 주고 그걸 뱃머리에 매달았지만 효험은 나지 않았다. 망망대해에 산더미 같은 파도는 끝없이 밀려오기만 했다. 할 수 없이 부산(浮山)이라는 곳에 이르러 배를 멈추고 풍랑이 자기를 십여 일이나 기다렸지만 진정이 되지 않아, 종내 곡포(曲浦)에 정박해서 겨울을 날 수밖에 없었다. 외딴 항구에서 추위를 가리는 집도 허술했고 허기를 때울 끼니도 거칠기 짝이 없었다. 그러나 아우와 어깨를 나란히 해서 고향으로 돌아가는 기쁨에 그저 어서 봄이 오기를 기다릴 뿐이었다.

10월에 떠난 길이 기나긴 겨울을 지내고 이듬해 춘삼월 드디어 꿈에 그리던 고국의 땅을 밟았다. 열두 살 어린 아들을 배에 태워 보내면서 '꼭 성공하고 돌아오너라, 과거에 급제하지 못하면 내 아들이 아니다'라고 결연히 말씀하시던 아버지는 성성한 백발 주름진 얼굴로 금의환향(錦衣還鄕)한 아들을 맞이했다.

"잘했다. 해내고 말았구나. 이제 나라를 위해 힘껏 일하도록 해라."

그러나 조국 신라는 이미 쇠운(衰運)을 맞고 있었다.

때는 헌강왕(憲康王) 11년(서기 885년, 乙巳)이었다. 왕은 크게 기뻐해서 시독(侍讀) 겸 함림학사(翰林學士) 수병부시랑(守兵部侍郞) 지서서감사(知瑞書監事)의 벼슬을 내렸다.

헌강왕은 신라 제49대 임금으로 기록에 의하면 문치(文治)에

경주최씨(慶州崔氏)

주력했고, 그 결과 문화적으로는 신라일대에 있어서 최성기를 이룬 것으로 되어 있다. 서울 경주도 번영을 극해서 "성안에는 초가가 한 채도 없고 처마와 처마 담장과 담장이 잇달았으며, 노랫소리 풍악소리가 길에 그치지 않았다"고 했다. 일반 서민의 집도 기와로 지붕을 덮고 연기로 공기가 탁해진다고 해서 숯으로 밥을 지었으며, 처용무(處容舞)가 크게 유행해서 거리와 집에서 가무(歌舞)가 쉴 새 없이 베풀어졌다는 것이다. 사치와 환락의 바람이 크게 불고 있었던 것으로 짐작된다.

특히 불교가 극성하던 때라 호화스러운 불사(佛事)가 줄을 이었고, 대 사원의 창건도 잇달았다. 헌강왕도 황룡사(黃龍寺)에 고좌(高座, 上座) 백 개를 설치해[百高座] 불경을 강했다는 기록이 있으며, 선생에게 대숭복사(大崇福寺) 비문의 찬술을 명한 바도 있다.

그러나 정정(政情)은 불안해서 신라는 쇠퇴기에 접어들었으니 우선 잦은 반란과 왕위다툼의 빈발이 그 조짐이었다. 헌강왕 재세(在世) 때만 해도 일길찬(一吉湌) 신홍(信弘)이 반란을 일으켜 주살을 당했으며, 전후 대소 여러 번의 유혈사태가 빚어지고 있다.

선생은 이듬해 정월에 당 체류 중에 지은 글들을 모아 〈계원필경집(桂苑筆耕集)〉, 〈중산복궤집(中山覆簣集)〉, 〈시부(詩賦)〉 3권 등을 편찬해서 왕에게 올렸다.

이 중 〈계원필경집〉 전20권은 유일하게 지금까지 전해 오고 있으며, 우리나라 최고의 명문집인 동시에 한문학(漢文學)을 열어준 구슬 같은 작품들이 수록되어 있다.

경주최씨(慶州崔氏)

〈계원필경서(桂苑筆耕序)〉를 옮겨본다.

회남에서 본국으로 들어오면서 겸해 조서(詔書) 등을 맡아온 사신이며, 전 도통순관(都統巡官) 승무랑(承務郞) 시어사(侍御史) 내봉공(內供奉)이고 자금어대(紫金魚袋)를 하사받은 신 최치원은 저술한 바 잡시부(雜詩賦) 및 표주집(表奏集) 28권을 올리옵나니, 그 목록은 다음과 같사옵니다.

私試今體賦 五首 一卷
五言七言 今體詩 共一百首 一卷
雜詩賦 共三十首 一卷
中山覆簣集 一部 五卷
桂苑筆耕集 一部 二十卷

신은 열두 살에 집을 떠나 서쪽(중국)으로 갔으며 배를 타려고 할 때, 돌아가신 아버님께서 훈계하셨습니다.

"십 년 공부해서 과거에 오르지 못하면 내 아들이라 하지 말라. 나도 아들을 두었다 하지 않을 것이니, 가서 부지런히 하여라. 힘을 다하여라."

저는 그 엄격한 훈계를 가슴에 새겨 잠시도 잊지 않고 노력(努棘)했으며 쉴 새 없이 뜻을 기르기를 바랐으니, 실로 남이 백 번하면 저는 천 번하기를 기약해 유학(觀光)한지 6년 만에 이름을 방(榜)의 말미(末尾)에 걸게 되었습니다.

이때 정성(情性)을 읊고 물(物)에 의탁하여 편(篇)을 이름 하기를 부(賦)니 시(詩)니 한 것이 거의 상자에 넘쳤으나, 단지 어린아이의 설익은 글이라 장부로서는 부끄러운 것입니다. 어대(魚袋)를 하사받음에 이르러서 모두 버린 바가 되었습니다.

이윽고 동도(東都)에 유랑하면서 붓으로 밥을 먹게 되자 드디어 부 5수, 시 100수, 잡시부(雜詩賦) 30수를 지니게 되어 합해서 3편을 이루게 되었던 것입니다.

그 후에 선주(宣州) 율수현위(溧水縣尉)로 제수되자, 녹은 후하고 관(官)은 한가로워 종일 배불리 먹고 지내게 되었습니다. 벼슬에 여유가 있으면 배워야 하고 촌음도 헛되이 보내지 않아야 되는지라, 공사간에 지은 글이 모두 5권이 되었습니다. 더욱 산을 쌓는다는 뜻을 채찍질해 복궤(覆簣)라 이름 붙였고, 그곳을 중산(中山)이라 일컫기에 그 위에 얹었던 것입니다.

그 벼슬을 그만두고 회남(淮南)에 종직(從職)함에 이르러서는 고시중(高侍中)이 필연(筆硯 : 文書)을 다 맡기게 되었으며, 몰려드는 군서(軍書)를 힘을 다해 감당을 했었습니다. 4년 동안 마음을 쓰고 나니 만여 수가 되었는데 그 중에서 가려내어 버리고 나니 열에 한 둘도 되지 않았습니다마는, 감히 모래를 헤쳐 보물을 찾는 일에 견주고 기와를 헐고 흙손질한 벽에 금을 긋는 것보다는 낫다고 여기어 애써서 계원집(桂苑集) 이십 권을 이루었습니다.

신이 때마침 난리를 당하여 융막(戎幕)에 몸 붙였으니, 이른바 끼니를 거기서 잇게 되었는지라, 문득 필경(筆耕)으로 제목을 삼고 인해 왕소(王韶)의 말로써 지난 일을 증거 삼았습니다.

비록 쓸모없이 돌아와 하찮음이 부끄러우나 갈아서 김매듯 마음의 밭을 파 헤쳤으니, 조고만 수고나마 스스로 아까워 성감(聖鑑)에 이르게 하고자 하옵니다. 시(詩) 부(賦) 표(表) 장(狀) 등을 모은 이십팔 권을 이글과 아울러 삼가 올리나이다.

중화(中和) 6년 정월 일(正月 日) 전도통순관 승무랑 시어사 내공봉 사자금어대(前都統巡官 承務郎 侍御史 內供奉 賜紫金魚袋) 신 최치원은 글월로 아뢰나이다.

헌강왕(憲康王)이 곧 돌아가고 후사가 없어 7월에 아우 황(晃)이 50대 왕으로 뒤를 이었으니, 이가 정강왕(定康王)이다.

다음해(서기 887년) 1월에 이찬(伊湌) 김요(金堯)가 모반했다가 죽임을 당했고, 곤욕을 치른 임금도 얼마 되지 않아 세상을 떠나고 말았다.

정강왕 역시 아들이 없이 돌아갔기 때문에 그 유조(遺詔)에 의해 누이동생인 만(曼)이 즉위했다. 바로 진성여왕(眞聖女王)이다. 신라에서는 이보다 앞서 선덕(善德) 진덕(眞德) 두 여왕이 있어 말하자면 세 번째 여왕이 탄생한 것이었다.

진성여왕은 국문학사에서 위홍(魏弘)과 대구화상(大矩和尙)으로 하여금 향가(鄕歌)를 수집해서 〈삼대목(三代目)〉이라는 향가집을 편찬케 한 것으로 일컬어지고 있지만,(지금 전해오지는 않는다) 정치는 혼란스러웠다. 몸을 가다듬지 못해 부정을 예사로 저질렀으니, 각간(角干) 위홍과 사통(私通)하는가 하면 위홍이 죽고 난 후에는 나이 어린 미장부(美丈夫) 두세 명을 궁중으로 불러들여 음란한 짓을 하고, 그들에게 요직을 주어 국정을 맡기기도 했다.

경주최씨(慶州崔氏)

이렇게 되니 정치가 제대로 될 리가 없었다. 뇌물이 공공연히 오가고 상벌이 공정성을 잃었으며 나라의 기강(紀綱)이 문란하기 짝이 없었다. 시골 선비 왕 거인(王巨仁) 사건도 이때 일어났다. 〈삼국사기〉, 〈삼국유사〉에도 이때 일을 자세하게 기록하고 있지만, 어쨌거나 어지러운 세상이고 지식인의 수난시대였던 것 같다.

선생도 예외는 아니었다. 그 사이 당에서 배우고 익힌 경륜을 펼 길이 없었다. 지우(知遇)인 헌강왕이 귀국한지 겨우 1년 만에 돌아가고, 그 후로 2년 사이 임금이 두 번이나 바뀌었으며 바른 말을 해도 용납이 되지 않았다. 주위의 질시도 없지 않았을 것이며, 신라 조정은 큰 그릇을 받아들일만한 분위기도 아니었다.

선생은 34세 되던 해(서기 890년, 庚戌) 외직인 지방관으로 나가게 된다. 태산군(太山郡) 태수(太守)다. 태산군은 지금의 전북 태인(泰仁)이다. 조선시대에 편찬한 《동국여지승람(東國輿地勝覽)》에는 다음과 같이 기록하고 있다.

"치원이 서쪽(중국)으로 가서 배워 많이 얻은 바 있다고 자부했다. 동(신라)으로 돌아와서 장차 자기 뜻을 펴려고 했지만, 쇠퇴해가는 말기라 의심하고 꺼려서 용납이 되지 않았다. 드디어 외직으로 나와 태산군 태수가 되었다."

이로 미루어보면 선생께서 지방장관으로 나간 것이 자의가 아니고, 거의 타의에 의해 어쩔 수 없이 외직으로 돌았다는 것으로 후세 사가들이 줄곧 인식해 왔음을 알 수 있다.

사실 귀국 후 신라 조정에 서게 된 선생에게는 해외 선진국에서 얻은 명성이나 익혀 온 경륜(經綸)에도 불구하고, 기성세력에 의해 종종의 견제를 받지 않을 수 없었다.

첫째는 신분상의 제약이다. 선생의 가문은 육두품(六頭品)에 속했다. 이 육두품은 신라 두품제에 있어서는 최상위이고, 신라 육성(六姓)으로 일컬어지는 여섯 가문이 대개 이에 속했으니 상층계급이라 할 수 있었다. 그러나 이 육두품은 신라 17관등에서 여섯째 등급인 아찬(阿湌)까지만 오를 수 있었다. 그 이상의 승진은 용납이 되지 않았다.

육두품의 위에 왕족인 성골(聖骨) 진골(眞骨)이 있었던 것이다. 성골은 부모가 모두 왕계(王系)인 사람으로 이 계급층에 속하는 사람은 28대 진덕여왕으로 끊어져 버렸고, 부모 중 어느 한쪽이 한번이라도 왕족이 아닌 혈통이 섞인 경우인 진골 계층이 크게 흥성해서 사실상 권력의 중심부를 차지하고 있었다. 따라서 신라사회는 이 진골들이 주인행세를 하고 있었다. 바로 아래인 평민계급의 우두머리 계급이라 할 육두품은 버금가는 신분층에 불과했다.

중앙정계를 잡고 있는 진골들 속에서 육두품 출신인 선생이 운신에 부자유를 느끼고, 가슴속에 담긴 웅지(雄志)를 그대로 펼 수 없었음은 당연한 일이기도 했다.

둘째는 중앙정계의 말세적 증후다. 앞에서도 말한 바와 같이 신라란 노제국은 바야흐로 사양(斜陽)의 길을. 둘째는 중앙정계의 말세적 증후다. 앞에서도 말한 바와 같이 신라란 노 제국은 바야흐로 사양(斜陽)의 길을 걷고 있었다. 오랜 적폐(積弊)가 그대로 고질화

돼 곪아 터지고 있었는데, 중앙의 권력심층부에서 이를 부채질하고 있었다. 여주(女主)의 무절제한 사생활, 암우(暗愚), 조정대신들의 부패, 무능은 극에 달해 더는 치료 불능의 상태에 빠져 있었다. 거기에다 진골족(眞骨族)들은 왕위를 둘러싸고 끊임없이 다투고 분열을 거듭해 오고 있었다. 육두품이 끼어들 여지가 없었다.

이밖에 결정적인 정세의 전환이 있었다. 지방호족의 대두다. 골품제도(骨品制度)로 해서 중앙정계에 진출할 길이 막혀 있었던 지방호족들은 진골왕족이 대립과 분열을 거듭하는 동안 그 견제세력으로 성장했고 드디어는 대담한 항거를 시도하고 나섰다. 정치적으로 중앙이 부패하고 혼란하며 경제적으로 수탈이 심해짐에 따라, 그들은 하나의 반란집단으로 세력을 굳혀 가고 있었다. 가장 먼저 일어선 것이 사무역(私貿易)에서 기반을 굳힌 해상세력이었고, 이의 대표적인 경우가 장보고(張保皐)이다. 그리고 진성여왕 2년부터 일어나기 시작한 공부불납운동(貢賦不納運動)은 급기야 각지의 반란으로 연결되어갔다. 상주(尙州)의 원종(元宗) 애노(哀奴), 북원(北原)에서 일어난 양길(梁吉), 도죽주(徒竹州 : 竹山)의 기훤(箕萱), 완산(完山 : 全州)의 견훤(甄萱), 양길 휘하에서 일어선 궁예(弓裔) 등 걷잡을 수 없이 확산되어갔다.

이러한 사회 병리에 대해 육두품 세력을 주축으로 하는 지식인들은 강렬한 비판을 전개하고 있었던 것이다. 지방장관으로 부임한 선생은 여러모로 선치(善治)에 노력한 것 같지만, 그 효과는 나올 수 없었다. 연달은 흉년과 중앙정부의 가혹한 수탈에 재정이 결핍되어 있었고, 민심이 이반되어 행정도 제대로 시행이 되지 않았다.

다시 진성여왕 7년(서기 893년, 癸丑)에 부성군(富城郡, 지금 忠南 瑞山) 태수로 부임했다.

〈고운선생사적(孤雲先生史蹟)〉에는 이때의 일로 "왕이 불러 하정사(賀正使)로 삼았으나 길에 도적이 많아 가지 못했다"고 되어 있는 걸로 보아, 당 나라에 하정사로 다녀오게 되어 있었으나 사방에 도적이 일어나 부득이 중지했던 것 같다.

그리고 천령군(天嶺郡, 지금 慶南 咸陽郡) 태수를 역임한 사실이 선생께서 해인사 승려 희랑(希郎)에게 준 시제(詩題)로 미뤄 추측은 할 수 있지만, 언제인가는 기록에 나와 있지 않다. 오늘에 이르기까지 선생과 연관이 되는 전설이 함양에 남아 있다.

이 무렵 선생의 나이 37, 38세였다. 한창 나라를 위해 일할 장년기였지만 주위 형세가 그걸 허락지 않았다. 진성여왕 8년(서기 894년, 甲寅) 2월, 선생은 시무책(時務策) 10여조를 조정에 올린다. 나라의 어지러움을 보다 못해 그 타개책과 정치의 방향을 제시한 것이다. 그러나 아깝게도 그 원문이 전하지 않아 내용이 어떠한 것인지는 알 수가 없고, 윤곽을 추측해 보는 도리밖에 없다.

〈최문창후전집(崔文昌侯全集)〉 (成均館大學校 大東文化研究院 刊行)에 해제를 쓴 이기백(李基白) 교수는 다음과 같이 말하고 있다.

"위로는 강수(强首)나 설총(薛聰)의 전통을 이어 받고, 아래로는 최승로(崔承老)의 모범이 되었을 이 시무책은 중앙집권적인 귀족정치를 지향하는 것이었다고 생각된다. 선생이 생각한 중앙귀족이란 진골의 좁은 테두리를 벗어나서, 적어도 육두품을 포섭하는 개념이었을 것이다. 그리고 귀족층의 폭이 넓어지고 보면 신분보다는 학문을 토대로 한 인재등용을 강조할 수밖에 없었을 것이다. 이렇게 그의 정치적 개혁안은 보다 개방적인 성격의 것이었다고 추측되지만, 한편 그가 지방호족에 대해서까지 개방적이었을까 하는 데에는 의심이 가는 것이다. 선생은 세상을 떠나는 날까지 신라에 대한 충성을 잃지 않고 있었다. 그러나 그 신라는 선생의 개혁안을 받아들이지 않았던 것이다. 그렇다고 호족을 편들 수도 없었다. 당시의 사회적 현실과 자기의 정치적 이상과의 사이에서 빚어지는 심각한 고민을 해결할 수 없었을 것이다."

진성여왕은 선생의 시무책을 가납하고 벼슬을 아찬(阿湌)으로 돋워주었다. 신라사회에서는 진골 이외의 신분이 오를 수 있는 최고의 벼슬이다.

그러나 가납은 했을망정 시무책이 실행되지는 못했다. 대국적으로 정치에 실행할 능력이 위에 없었고 구체적으로 시행될 수 있는 처지도 아니었다.

전국 각지에 확산된 반란이 악화 일로를 걷고 있어 정부는 이미 통치기능을 잃고 있었다. 곳곳을 반란군이 점거해서 교통이 차단되어 있었고, 따라서 정령(政令)이 통할 수도 없었다. 여러 해에 걸친 흉년과 지방에서의 세수 미납으로 중앙정부는 재정적으로도 지탱하기 어려울 정도였다. 선생의 이상(理想)은 어지러운 현실로 해서 실현될 가능성이 없었고, 용렬한 군왕에 의해 더욱 실망만 안겨

주었다.

〈고운선생사적〉에는 다음과 같이 적고 있다.

"2월에 시무십여조(時務十餘條)를 올리자 여왕께서 가납해 아찬으로 삼았다. 스스로 난세를 만난 것을 슬퍼해서 다시는 벼슬길에 나아가지 않고, 산수 간에 노닐며 오직 시 읊조리는 것으로 일을 삼았다."

선생께서 관직을 버린 것이 어느 해인지는 분명하지 않다. 〈동유록(東儒錄)〉에는 병진년(丙辰年, 서기 896년)에 가야산으로 들어갔다 했고 〈동국문묘십팔현 연보(東國文廟十八賢 年譜)〉에는 무오년(戊午年, 서기 898년) 11월에 아찬 벼슬을 그만두었다고 했다.

하여튼 벼슬을 버린 선생은 홍진(紅塵) 세상을 등지고 명산 대천 경치 좋은 곳을 노닐며, 그야말로 소요자방(逍遙自放)을 즐기게 되었다.

노산 이은상은 부산 해운대 동상비문에 이렇게 쓰고 있다.

"일찍이 태수를 지낸 영남 호남 여러 고을들은 더 말할 것이 없고, 경주의 금오산과 합천의 청량사와 강주(剛州, 지금 경북 의성)의 빙산과 지리산 쌍계사와 동래 해운대와 합포(合浦, 지금 마산)에 있는 월영대(月影臺)와 양산의 임경대(臨鏡臺)와 함양의 학사루(學士樓)가 모두 다 발자국이 미친 유적지요, 또 특히 경북 안동의 청량산에는 치원봉이라 이른 곳이 있으며, 그곳 바윗골 속에 어떤 노파의 모습을 새겨 놓은 곳이 있었는데, 그것이 바로 선생에게 밥을 지어 바치던 식모였다고 전해 왔었다. 이같이 여기저기 바람과 구름을 따라 마음 내키는 대로 떠다니며, 어느 때는 우거진 숲 속을 찾아 들어가 나무를 찍어 정자를 매고, 또 어느 때는 흐르는 강기슭에 집을 짓고 화초들을 심기도 하며, 그 속에서 시 읊고 생각하고 책 베고 잠자며 날을 보냈던 것이다."

이 글에서 언급한 유적들은 모두 옛 기록에 있는 것들이며 세월이 지나면서 종종의 전설이 붙기도 하고 신비화되기도 했다. 선생은 만년에 합천 가야산으로 들어가 해인사에 머무른 것으로 되어 있다. 해인사에는 모형(母兄)인 부도 현준(浮屠賢俊)이 있었고, 도우(道友) 정현사(定玄師)가 머물고 있어, 그들과 도(道)도 논하고 청담(淸談)도 나누며 유유자적한 세월을 보낸 것 같다. 이무렵 신라 정계는 숨 가쁘게 돌아가고 있었다. 진성여왕은 재위 12년 만에 마침내 그 실정을 감당하지 못해 헌강왕의 서자이고 여왕의 조카인 효공왕(孝恭王)에게 양위를 했고, 이어 그 해에 죽고 말았다. 그리고 완산주를 근거로 견훤과 철원을 중심으로 삼은 궁예의 반란 세력이 차츰 판도를 넓혀 국가의 기틀을 잡아가고 있었다.

가야산에서 보낸 만년에 대해서는 자세한 동정을 알 길이 없다. 그저 몇 편 남아 있는 시를 통해 심정을 미루어 짐작해 볼 수밖에 없다.

저 중아 산이 좋다하지 말라. (僧乎莫道靑山好)
좋다면서 왜 다시 산을 나오나. (山好何事更出山)

뒷날에 내 발자취 두고 보라지. (試看他日吾踪跡)
한번 들면 다시는 돌아오지 않으리. (一入青山更不還)

'증산승(贈山僧)'이라는 시인데 어떤 이는 입산시(入山詩)라 일컫는다. 어쩌면 입산하는 결의를 보인 시라고도 할 수 있다.

산중 은둔(山中隱遁)의 결의를 가장 직설적으로 엿볼 수 있는 것은 '가야산 독서당(讀書堂)'이라는 제목이 붙은 다음의 시다.

미친듯 내닫는 물, 바위치며 산을 울리어 (狂奔疊石吼重巒)
지척에서 하는 말도 분간 못하겠네. (人語難分咫尺間)
행여나 세상의 시비 귀에 들릴까봐 (嘗恐是非聲到耳)
흐르는 물을 시켜 산을 에워쌌구나. (故教流水盡籠山)

이 시는 합천의 가야산 자락 홍류동(紅流洞) 바위에 석각(石刻)이 되어 있다.

솔바람 소리밖엔 귀를 어지럽히는 소리 없고 (除聽松風耳不喧)
깊숙이 흰구름 아래 띠집을 지었구나. (結茅深倚白雲根)
세상사람 찾아오는 것 정녕 싫어 (世人知路飜應恨)
티끌 묻은 신발자국 바위 이끼 더럽히리. (石上莓苔污履痕)

솔바람 소리만 들으면서 사는 생활, 깊은 골짜기 산허리에 얽은 띠집, 그 속에서 달과 구름과 바람과 나무와 꽃을 벗 삼으면서 옛 글이나 읽고 시나 읊조리는 그런 삶에는 속세의 벗이 찾아오는 것도 사실은 번거로웠는지도 모른다. 사람의 입에 묻어오는 속진(俗塵), 손에 발에 체취에서 풍기는 속세의 풍정(風情)은 아마도 낱낱이 역겨웠는지도 모른다.

어지러우면 다스려지고 난세가 극에 달하면 치세가 오는 것이 인간사의 순환 이치이듯이 신라의 난국도 차츰 새로운 틀을 잡아가기 시작했다.

궁예(弓裔)가 왕을 일컫고 국호를 후고구려(後高句麗)라 하고, 견훤(甄萱)이 또한 왕위에 올라 후백제(後百濟)라 자칭하게 되니, 신라와 더불어 완연히 후삼국(後三國)이 다시 정립(鼎立)하게 된 것이다. 후삼국 중에서도 한때는 궁예의 세력이 다른 두 나라를 압도하는 듯 하더니 폭정과 방자로 자멸하고, 그 휘하에서 굴기한 왕건(王建)이 종내에는 중망을 안고 신라와 맞서는 큰 세력으로 등장하기에 이른다.

한반도에 있어서의 이러한 정세의 전개와 가야산 속에서의 선생의 처지에 대해 이우성(李佑成) 교수는 〈남북국시대와 최치원(南北國時代와 崔致遠)〉에서 다음과 같이 설명하고 있다.

"이미 시대는 그를 뒤로 하고 새로운 국면으로 달렸다. 발해는 거란에게 먹히고 신라는 더욱 임종의 잔천(殘喘)을 재촉하였다. 그는 신시대 역사의 창조자는 신흥 지방호족이라는 것을 희미하나마 알듯하였다. '일대삼최(一代三崔)' 중에서 최승우(崔承祐)는 후백제의 견훤에게, 그리고 최언위(崔彦撝)는 고려 왕건에게로 가버렸다. 그러나 최치원은 이미 늙었다. 신라 사람으로서의 체질을 바꾸기에는 이미 때가 늦었다. 그도 일찍 왕건에게 큰 기대를 걸면서 시를 지어 보내기도 했다. '계림황엽 곡령청송(鷄林黃葉 鵠嶺靑松)'이라 하여 낡은 신라를 경주 계림의 누런 잎(가을 나뭇잎)에 비기고, 새로운 고려를 개성 곡령의 푸른 솔에 견주어 놓은 유명한 시구가 그것이다. 그러나 그는 결국 왕건에게로 달려갈 수는 없었다. 904년 경 해인사 화엄원(華嚴院)에서 피난 겸 휴양을 취하면서, 현수국사(賢首國師)의 전기를 초하고 있었던 최치원은 결국 가족과 함께 가야산에 은둔하여 여생을 마쳤다."

가야산에 있어서의 생활은 그저 짐작에 머물뿐이다. 정확한 기록이 없는 것이다. 그와 같이 先生의 최후에 대해서도 수수께끼에 싸여 있다. 역시 기록이 없기 때문이다.

《신증동국여지승람(新增東國輿地勝覽)》 합천군 고적(古蹟)조 독서당(讀書堂)에는 다음과 같이 쓰고 있다.

"세상에 전하기를 최치원은 가야산에 숨어 살았는데, 어느날 아침에 일찍 일어나서 문을 나가 관(冠)과 신을 수풀사이에 남겨두고 어디로 갔는지를 알 수 없었다."

이런 기록은 아마도 당시 참고할 수 있는 고기(古記)를 인용한 것임에 분명하고 사실 여러 곳에 산견(散見)되고 있다. 이로 인해 선생께서는 신선이 되었다는 속설이 생겨나기도 했다.

경주최씨(慶州崔氏)

앞에서 언급한 이우성 교수는 독특하게 자진설(自盡說)을 제기했다.

"가야산도 이 땅의 한 부분이며, 이 땅의 현실과 동떨어질 수는 없었다. 최치원이 서식하던 해인사에는 당시 화엄종의 두 고승이 있어 각기 파당을 이루는데, 한쪽은 관혜(觀惠)로 후백제 견훤의 복전(福田)이 되어 있었고, 한쪽은 희랑(希郞)으로 고려 왕건의 복전이 되어 있었다. 각기 당시의 정치적 세력과 결탁한 이 화엄종의 두 계열—해인사의 두 갈래 승려들은 완전히 갈라져서 수화(水火)처럼 서로 융화될 수 없었다. (중략) 세상을 피하여 가야산 물소리 속에 자기를 안탁시키려 했던 최치원은 산 밖에서 들려오는 세상 소식은 산록의 물소리로 막을 수 있었을런지는 모르지만, 바로 산중에서 벌어지고 있는 불교 종문의 정치적 싸움은 어찌할 도리가 없었다. 그는 어느 날 일찍 밖으로 나가 숲속에 관탕(冠宕)과 신을 벗어둔 채 영영 돌아오지 않았다고 한다. 세상에서는 그가 신선이 되어 갔다고 하지만 아마 그는 고민의 해결을 위해 스스로 세상을 버렸을 것이다."

추측일 수밖에 없다. 중들의 정치적 갈등에 선생께서 목숨까지 버릴 이유가 있을 리 없다. 굴하는 분이 흔적하나 없이 말이다.

선생의 사상(思想)이나 학풍(學風)에 대해서는 더러 소론(所論)이 없지 않다.

첫째는 순유(純儒)가 아니라는 지적이다. 유학에 전념했다기보다 불교에 심취했다고도 한다. 그 이유는 간단하다. 당시의 시대풍조가 노불(老佛)에 기울어져 있었고, 유자(儒者)일지라도 그들에게 관대했기 때문이며, 선생의 저작 중 유학에 관한 것은 대부분 인멸되어 없어진 대신에 선사비문(禪師碑文) 등 불교 문자는 금석에 새겨져 비교적 많이 남아 있기 때문이다.

이병도 박사는 《한국유학사략(韓國儒學史略)》에서 선생의 친불적(親佛的)인 경향을 비판한 후에 다음과 같이 지적하고 있다.

"그러나 신라대(新羅代)에 있어서 삼교(三敎)는 일찍이 반목 갈등을 하지 않고 서로 표리가 되어 관계가 밀접했다. 그러므로 유자이면서 불(佛)과 노(老)를 겸한 자도 있고, 불자이면서 유(儒)와 노(老)를 겸한 자도 있어, 후일의 유자가 일방에 극한된 류가 아니었다. 후유(後儒)가 그 시대의 숭상한 바를 살피지 않고 후일에 숭상한 바와 같지 않다고 공격하는 것은 심하지 아니한가."

성균관대 안병주 교수는 〈유교의 민본사상(儒敎의 民本思想)〉에서 선생의 정치철학이 유교에 입각하고 있었음을 추단(推斷)하고 있다.

"박제가의 《북학의(北學議)》 서문에 민중의 곤궁을 방관함은 사대부(士大夫)로서 차마 할 수 없는 일임을 강조하면서, 스스로의 그 같은 민본정신의 연원을 신라의 최치원과 조선조 선조 연간의 조중봉(趙重峰, 이름은 憲)에 대고 있음이 보이는데, 최치원의 경우는 그의 〈시무십여조(時務十餘條)〉가 현재 전하고 있지 않아 그 내용을 알 수 없으나 박제가에 의해 그토록 높이 평가되었다면, 그 속에 유교의 민본사상에 입각한 정치철학이 담겨져 있었을 것은 짐작되고 남는다. 실제로 고운(孤雲)의 사상의 계승이라 할 수 있는 고려 초엽 유신(儒臣)들의 사상 속에는 유교의 민본사상이 면면히 이어져 나오고 있음을 볼 수 있다."

둘째는 유학보다는 문학에 더 비중을 두었다는 평이다.

사실 지금 남아 있는 저술을 천착해 보면 그러한 평을 부인할 길이 없다. 학문적 경향이 문학에 더 기울어져 있었던 것이다. 유가에서는 "문이란 도를 꿰뚫는 그릇이다[文者 貫道之器也 : 唐 李漢]" 또는 "문이란 도를 담는 것이다[文 所以載道也 : 宋 周濂溪]"라 해서, 도문일치(道文一致)를 주장한다. 문은 도를 싣는 그릇이라 보는 것이다. 주자(朱子)는 심지어 "도는 문의 뿌리이고 문은 도의 지엽이다[道者 文之根本 文者 道之枝葉]"라고 말한 것이 있다.

문학은 말하자면 도(道)를 펴는 수단으로 생각한 것이다. 그렇기 때문에 문학에는 도가 들어(실려) 있지 않으면 안 된다. 이른바 순정(醇正)문학이다. 이러한 경향은 주자학파에 이르러 더욱 심해지고 있다.

앞에서 말한 바와 같이 선생을 보는 눈을 정주학(程朱學)의 시각에 초점을 맞춘다면 많이 굴곡이 될 수가 있다. 노불(老佛)에 관대했고 문학에 기울어져 있었고 더군다나 그 문학이 순정(醇正)치 못하다는 평이 나올 수 있다. 그러나 인물은 시대의 산물이다. 그가

산 시대를 도외시하고 그 인물을 평한다는 것은 땅을 보지 않고 나무의 잎사귀만 따지는 것과 같다. 선생께서 학문을 익힌 곳은 당제국이었고 포부를 펴려는 곳은 조국 신라였다.

노제국 당에서는 자유분방한 사상의 전개에 힘입어 현란한 문학이 꽃 피어 있었다. 그리고 당시 세계의 중심으로 자부한 문물도 눈부시게 펼쳐져 있었다.

머나먼 이국에서 유학 간 소년이 시대감각을 익히지 않을 수 없었을 것이다. 문학으로 입신할 수밖에 없었을 것이다. 그러나 선생은 시류에 휩쓸리기 보다는 유학을 지주로 삼았고 문학에 그 특장(特長)을 보여주었다.

고국에 돌아와서도 마찬가지였다. 당시 신라는 불교의 극성기에 처해 있었다. 유학은 그 속에서 겨우 숨소리만 남아 있을 뿐이었다.

선생의 귀국과 출사(出仕)는 신라 조정에 통치철학으로서의 유교를 재인식시켜 주었고 학계에 새로운 바람을 일으켜 주었음은 지금 남아 있는 종종의 문자로도 엿볼 수 있다. 짐작하기도 어렵지 않다. 아까운 것은 선생의 저술 중에도 유교 문자는 거의 없어진 대신에, 불교 문자는 금석으로, 시부(詩賦) 등 문학작품은 일반의 애호 속에 비교적 많이 전해온 사실이다. 그렇다 치더라도 선생은 그 문학적 업적으로 우리나라 한문학(漢文學)의 비조(鼻祖)로 추숭되고 있으며 그 속에 담겨진 유학정신도 간과하지 않는다.

셋째는 선생께서 고려의 개국을 예언했고 태조 왕건에게 호의를 품고 있으면서 그렇기 때문에 고려 일대를 통하여 추존을 받았다는 일부의 소론이다.

경주최씨(慶州崔氏)

이에 대해서는 이병도 박사가 그 저서 《한국유학사략》에서 명확하게 논단하고 있다.

"또한 치원을 위해 변호할 일건(一件)이 있다. 다름이 아니라 고려 현종 때 치원을 내사령(內史令)으로 추증하고 문묘(文廟)에 종사(從祀)했으며, 또한 오래지 않아 문창후(文昌侯)로 추봉(進封)했는데, 그 연유를 상고해 보면 치원이 고려 태조가 작흥할 것을 미리 알고서 글을 보냈고, 그 글에 '계림(鷄林: 新羅)은 누른 잎(가을 낙엽)이고 곡령(鵠嶺, 松嶽)은 푸른 소나무'라 한 구절이 있었다. 그래서 추숭했다는 것이다. 그러나 치원은 일찍이 신라 말 제조(諸朝)에서 벼슬해 그 녹을 먹었고 나라가 날로 잘못되어가는 것을 보고는 강해(江海) 사이에서 몸을 깨끗이 한 자이다. 어찌 소인이 하는 짓거리 같은 것을 했겠는가. 이와 같은 말들은 족히 믿을 것이 못되거늘 고려 초에 오히려 믿고 있었으니 적이 의심하건대 그 연유한 바가 있을 것이다. 돌아보면 치원의 문인으로 고려에 벼슬한 자가 적지 않으니 이것이 무리들 속에서 조작된 것이 아닌지 알 수 없다."

경주최씨(慶州崔氏)

최치원 선생 연보(崔致遠 先生 年譜)

최준옥(崔濬玉) 엮음

○ 857년(문성왕 19), 1세

선생은 신라의 서울 사량부(沙梁部)에서 탄생하셨으니, 그 아버지의 이름은 견일(肩逸)이다. 선생의 성은 최씨요, 이름은 치원이며, 자는 고운, 혹은 해운이라 하고, 호(號)도 역시 고운(孤雲)이라 한다.

최씨는 대개 진한(辰韓)의 고허촌장(高墟村長) 소벌도리공(蘇伐都利公)을 기원으로 하여 신라 제3대 유리왕(儒理王) 9년 사성(賜姓)에 의하여 최씨의 성이 비롯하다. 선생은 어릴 때부터 풍의(風儀)가 아름답고 성품이 정민(精敏)하며 학문을 좋아하는 재사(才士)였다.

○ 857년(헌안왕 1) ~ 867년(경문왕 7), 2~11세

정민호학(精敏好學 : 학식이 많고 재주가 있으며 학문을 좋아함)하시다.

○ 868년(경문왕 8), 12세

열 두 살의 어린 나이로 당나라에 유학하고자 만리붕정(萬里鵬程)에 오를 때, 그 아버지께서 "네가 당나라에 가서 10년을 공부하여 과거를 못하면 나의 아들이라 하지 마라. 나도 아들을 두었다

하지 않을 터이니 아무쪼록 부지런히 공부하여, 이 아비의 소원하는 바를 잊지 말고 꼭 공을 세우도록 하라"는 간곡한 훈계를 받았다.

선생은 아버지와 이별하여 그리운 고국산천을 떠나 보호자도 없이 단신으로 상선(商船)에 몸을 싣고 수륙만리(水陸萬里) 먼 길을 떠나면서 오직 아버지의 엄격한 훈계만을 가슴에 깊이 새기어 오매불망(寤寐不忘) 하였던 것이다.

당시 당나라에 유학하는 유학생 대부분은 소위 '숙위학생(宿衛學生 : 일종의 質子로서의 유학생)이라는 명의로 파견되었다. 그들의 숙식과 의복은 당나라의 홍로시에서 지급하고 구서비(購書費)는 본국에서 지출하였다.

이밖에 사적으로 도당유학(渡唐留學)한 사람도 있었으나 그 수는 많지 못하였으리라고 생각되는 바, 오직 선생은 사비로 유학의 길을 떠났다고 생각된다.

○ 869년(경문왕 9)~873년(경문왕 13), 13~17세
당나라에서 현사(賢師)를 찾아 공부하시다.

○ 874년(경문왕 14), 18세
선생은 이속타국(異俗他國)에 고단(孤單)한 생활이었으나 천품이 뛰어나고 재질이 비범하여 모든 고난을 극복하고 널리 현사(賢師)를 찾아서 수학하며 오직 아버지의 엄격한 훈계를 마음에 새겨 조금도 잊지 않고 인백기천(人百己千)의 노력으로 유학한지 6년 만인 갑오년 9월 예부시랑(禮部侍郎) 배찬(裵瓚)의 주시(主試)로 된 제과

(制科)에 응시하여 단번에 급제하였으니, 그 아버지께서 "10년 공부하여 과거하지 못하면 나의 아들이 아니다"라고한데 비하여 오히려 4년을 단축한 짧은 기간에 훌륭한 성공을 거두다.

이때 느껴지는 심정을 읊고 사물에 빙자하여 책을 만든 부(賦)와 시가 상자에 가득하였으나 미간(未刊)한 채로 모두 버려졌다고 한다.

○ 875년(헌강왕 1), 19세

동도(東都) 낙양(洛陽)에 유랑하며 저술한 부 5수(賦五首)·시 100수·잡시부(雜詩賦) 30수를 모아 3편을 이루었다. 귀국후(歸國後) 886년 정월에 계원필경집(桂苑筆耕集)과 함께 헌강왕에게 올린 글이다. 그러나 지금은 전하지 않는다.

○ 876년(헌강왕 2), 20세

선주(宣州) 표수현위(漂水縣尉)에 임명되었으니, 현위(縣尉)는 지방행정관인 바, 약관의 외국인으로 중국에서 이례적인 우대를 받았다고 할 수 있다.

선생은 바쁜 공무에도 촌음(寸陰)을 헛되이 보내지 아니하며, 공사 바쁜 중에 지은 글이 모두 5권이 되었으니, 명작의 하나인 중산복궤집(中山覆櫃集 : 中山은 그 지방의 이름이요, 覆櫃는 산을 쌓는데 마지막 한 산태미의 흙까지 노력해야 된다는 뜻)인데 이 책은 지금 전함이 없다.

쌍녀분(雙女墳)의 기담(奇談)도 이때의 일이다.

선생의 문재는 날로 세상 사람을 놀라게 했을 뿐 아니라, 관리로

경주최씨(慶州崔氏)

서의 능력도 비범하였다.

○ 877년(헌강왕 3), 21세
이해 겨울에 선생은 표수현위(漂水縣尉)를 사직하였다.

○ 878년(헌강왕 4), 22세
선생이 고변(高騈)에게 올린 장계(長啓)속에 "지난해 겨울에 말위(末尉)를 그만두고 굉사과(宏詞科 : 博學宏詞科로서, 관리선발에 있어 문장 삼편을 고사하던 시험과목)응시할 것을 바라, 산에 은거하려는 결심으로 잠깐 은퇴하여 학문이 바다에 이르기를 기약하고 다시 탁마(琢磨)하였더니 녹봉(祿体)이 남음이 없고 글 읽을 양식이 모자라서(前年冬 罷離末尉 望應宏詞 計決居山 暫爲隱退 學期至海 更自琢磨 俱緣祿体無餘 書糧不濟)"라고 한 문구를 보면, 아마 21세 되는 겨울에 표수현위(漂水縣尉)를 그만 두고, 종남산(終南山)에 들어가서 학업을 탁마하신 시기라고 볼 수 있다.

또 장계(長啓) 속에 "태위상공이 멀리 어여쁘게 추장(推奬)해 주어 직질(職秩)에 넣어서 자취는 정역(鄭驛)에 나아가고(太尉相公 適垂奬憐 便署職秩 跡趨鄭驛)"이라고 한 문구를 보면, 이해에 관역순관(館驛巡官)으로 옮기어 정장(鄭莊)의 정무를 주관한 것 같다.

○ 879년(헌강왕 5), 23세
황소(黃巢)의 반란군이 장안을 함락시키고 그 세력이 크게 떨쳤으므로 당나라 조정에서는 사천절도사(四川節度使) 고변(高騈)을 제도행영(諸道行營) 병마도통(兵馬都統)으로 임명하여 반적(叛賊)을 토벌케 하였는데, 고변(高騈)은 평소 고운 선생의 인격과 문재를 추앙해 마지않던 사람이었으므로, 즉시 선생을 모시어 종사관(從事官)으로 서기의 책임을 맡아 표(表)·장(狀)·서(書)·계(啓)·격문(檄文) 등이 모두 선생의 손에서 이루어졌다.

선생이 고변(高騈)에게 올린 장계(長啓) 속에 "작년 여름에 출사하게 되었을 적에 갑자기 불러 주시고 …… 나는 강외에서 현위에 올랐다가 곧 내전의 헌질을 받고 또 장발을 겸하고 …… 그 도통순관에는 반드시 인재를 뽑아야 책임을 감당합니다(去年中夏 伏遇出師 忽賜招呼 …… 某 自江外一上 縣尉便授內殿憲秩 于兼章拔 …… 其如都統巡官 須選人材稱職)"이라고 사양한 문구를 보면 이 해에 승무랑(承務郎) 시어사(侍御史) 내공봉(內供奉)에 도통순관(都統巡官)의 중직으로 승차되고 겸하여 포장(襃章)으로 비어대(緋魚袋)를 받았음을 알 수 있다.

○ 880년(헌강왕 6), 24세

이해 7월 8일에 〈토황소격문(討黃巢檄文)〉을 지었는데 이 한편의 글은 반적(叛賊) 황소(黃巢)의 간담을 서늘하게 하였을 뿐만 아니라, 이 글 중에 "다만 천하의 모든 사람이 너를 죽이려고 생각할뿐 아니라 아마 땅속의 귀신까지도 이미 너를 죽이려고 의논하였을 것이다."라고 한 구절에 이르러, 포악무지(暴惡無知)했던 황소(黃巢)도 놀라 혼비백산하여 저도 모르게 상(床)에서 떨어졌다고 한다. 이로서 선생의 문명이 천하에 떨쳤다.

경주최씨(慶州崔氏)

○ 881년(헌강왕 7), 25세

계속 군막(軍幕)에 종사하며 서역(書役)을 담당하다.

○ 882년(헌강왕 8), 26세

당나라 황제로부터 자금어대(紫金魚袋)를 하사받았다.

이것은 붉은 금빛으로 꾸민 물고기 모양의 그림을 그린 주머니요, 그 속에는 성명을 적은 표신이 있어 대궐도 드나들 수 있는 것이다. 외국 청년에게는 더 할 수 없는 영광이므로 시를 지어 감사를 표한다(문집상권(文集上卷) 20면 동상비문(銅像碑文) 참조). 선생이 찬술한 〈상재국척 대신등 봉위헌강왕 결화엄경사 원문(上宰國戚 大臣等 奉爲獻康王 結華嚴經社願文)〉 끝에 중화 2년 찬(撰)이라 하였으니, 선생이 귀국 전 당나라에서 지은 글이다. 과연 당나라에서 이 글을 지어 본국에 보낸 것인지, 연대 기록이 착오인지? 알 수가 없다.

○ 883년(헌강왕 9), 27세

선생이 지은 《계원필경집(桂苑筆耕集)》 서문에 의하면 "회남(淮南)에 종직하여 고시중(高侍中) 고변(高騈)의 필현(筆硯)의 역을 도맡게 되자, 그 몰려드는 군서 등을 힘껏 담당하여 4년간에 마음써 이룬 것이 무려 만 여수가 되었으나 도태(淘汰)를 거듭하고 보니 11분의 1~2도 되지 못한 것을 정선하여 마침내 계원필경(桂苑筆耕) 20권을 이루었고 융막(戎幕)에서 우식(寓食)하며 소위 선어시 죽어시(饍於是 粥於是)한 까닭에 문득 필경이란 제목을 붙였다"라고 하였으니 23세 되는 해 여름부터 4년간 종군한 것으로 보아 27세 되는 해라고 볼 수 있다. 그리고 계원필경(桂苑筆耕) 20권 끝에 몇 수는 귀국전후(歸國前後)에 지은 글이 실려 있다.

○ 884년(헌강왕 10), 28세

10월에 당나라 희종황제(僖宗皇帝)는 선생이 고국에 돌아갈 뜻이 간절하심을 짐작하고, 특히 국서를 가져가는 사신의 자격을 띠게 해 주었고, 고변(高騈)은 2백관이나 되는 돈과 행장을 갖추어 주었으며, 또 당나라 문사(文士)들로 고운(顧雲)·양첨(楊瞻)·오만(吳巒) 등은 석별하는 시를 지었는데, 그 중에서 고운(顧雲)은 같은 해에 급제하여 친교가 가장 두터운 친구요, 특히 선생을 고변(高騈)에게 추천한 사람으로서, 아래와 같은 시를 주었다.

'계림(鷄林)나라 삼신산(三神山) 맑은 정기로 태어난 기이한 사람, 12세에 배타고 바다 건너와 글로써 중원천지 흔들었고 18세에 과거마당 들어가 단번에 급제 한 장 따낸 이라네(문집 상권 해제 참조)' 선생은 본국사신 김인규와 영접차 집소식을 전해왔던 4촌 아우 서원(棲遠)과 함께 많은 사람의 전송을 받으며 회남(淮南)을 떠나 금의환향의 길에 오르게 되었다. 고변(高騈)은 약주머니(약을 뱃머리에 달면 풍랑이 두렵지 않는 것)를 주며 평온한 뱃길의 무사를 축원(祝願)하였지만 풍랑은 사람의 염원과는 같지 않아서 유산(乳山)에 이르러 할 수 없이 배를 멈추고 10여 일간 바람이 개기를 기다리다가 겨울철이 당도하여, 할 수 없이 곡포(曲浦)에 정박하여 남은 겨울이 지난 후 봄날을

경주최씨(慶州崔氏)

기다리는 동안 찬산신령에게 제를 지내기도 했다.(계원필경집(桂苑筆耕集) 20권 상태위별지(上太尉別紙)·제찬산신문(祭讚山神文) 참조)

○ 885년(헌강왕 11), 29세

이 해 3월에 선생이 그립던 고국에 돌아왔는데, 헌강왕은 시독(侍讀)겸 한림학사(翰林學士) 수병부시랑(守兵部侍郎) 지서서감(知瑞書監)의 요직을 주었고, 선생도 즐거이 나아가 나라를 위하여 경륜을 펴보려 하였다.

'멀리 계신 어버이는 문에서 기다리는 걱정이 조금 위로될 것이요(遠親稍慰於倚門)' 〈사허귀근계(謝許歸覲啓)〉, '아무는 영광스럽게 사신으로서 어버이를 뵈옵게되었다(某已榮奉使 則遂寧親)' 〈사사제서원전장(謝賜弟棲遠錢狀)〉 이상의 글로보아 오래동안 부친께 봉양을 못한 선생으로서는 노친께 지극한 효도를 하셨으리라고 믿어지는 바다.

이 해에 헌강왕의 명으로 대숭복사비문(大崇福寺碑文)을 찬술(撰述)하게 되었는데 그것이 완성된 것은 진성 여왕대(眞聖女王代)에 이르러서였다. 즉 대숭복사비(大崇福寺碑)는 왕실이나 귀족들이 사원을 창건하고 있는 한 예(例)이다.

○ 886년(헌강왕 12·정강왕 1), 30세

이 해 정월에 선생이 당나라에서 지었던 《계원필경집(桂苑筆耕集)》과 《중산복궤집(中山覆櫃集)》 및 시부 3권을 합하여 헌강왕에게 올리다. 그중 계원필경(桂苑筆耕) 만이 전해오는바, 우리나라에서 가장 오랜 저작이요 높이 평가받는 책이다.

선생이 왕비김씨 김대성(金大成)의 3세 손녀의 〈위고 수석가 여래상번 찬병서(爲考 繡釋迦 如來像幡 讚竝序)〉를 짓다. 이글 끝에 중화(中和) 6년 병오라고 하였는데, 중화에는 6년이 없으므로 병오년은 곧 광계(光啓) 2년이다.

○ 887년(진성여왕 1), 31세

이해 정월 7일에 〈대화엄종 불국사비로차나(진흥왕소주불) 문수보현상 찬병서(大華嚴宗 佛國寺毘盧遮那(眞興王所鑄佛) 文殊普賢像 讚竝序)〉를 짓다.

동연월일(同年月日)에 〈대화엄종 불국사 아미타불상(진흥왕소주불)찬병서(大華嚴宗 佛國寺阿彌陀佛像(眞興王所鑄佛)讚竝序)〉를 짓다.

또 이해 11월에 지은 〈왕비김씨 위선고 급망형 추복시곡원문(王妃金氏 爲先考 及亡兄 追福施穀願文)〉끝에 중화 정미(丁未)라고 하였는데, 중화에는 정미가 없으므로 광계 3년이 곧 정미가 된다.

그리고 그 밑에 '부성태수 모 찬(富城太守 某 撰)'이라고 하였는데, 이때는 선생이 부성태수(富城太守)로 가기 이전이라 아마 후인(後人)의 기록착오라고 볼 수밖에 없다. 선생이 왕명에 의하여 지은 비명 〈진감선사비(眞鑑禪師碑)〉가 건립되다.

○ 888년(진성여왕 2), 32세

지난해에 헌강왕이 돌아간 후 아우 정강왕(定康王)이 즉위했으나

경주최씨(慶州崔氏)

1년 만에 그도 세상을 떠나고 말았다.

그 후 여제(女帝) 진성여왕이 왕위에 올랐으니 이는 무자(無子)한 정강왕이 돌아갈 때에 선덕·진덕 두 여왕의 고사(古事)에 따라 특히 그를 세우라는 유조(遺詔)가 있었음에 기인한 것이다. 그런데 여왕은 내행(內行)이 부정(不淨)하여 여러 명의 연소미장부(年少美丈夫)를 불러들여 음란한 짓을 하고 그들에게 요직(要職)을 주어 국정을 맡기니 정치는 탁란(濁亂)하여 회뢰(賄賂)가 공행하고 상벌과 임면이 공정치 못하며 기강이 해이하는 등 여주(女主)와 간신에 따른 폐해(弊害)가 실로 컸었다. 이로써 식자 간에는 시정을 의평(議評)하여 익명으로 벽서(壁書)를 붙인 자도 있었다. 때마침 명사거인이 누구의 밀고(密告)에 의하여 애매하게 처형될 지음, 별안간 운무(雲霧)가 대작하며 뇌정벽력(雷霆霹靂)에 우박까지 쏟아짐으로 왕은 이에 놀라서 그만 거인을 놓아 보냈다.

○ 889년(진성여왕 3), 33세

1년이 지난 후 중앙의 흐린 정치는 곧 지방행정에도 적지 않은 여향을 끼쳤을 것이며 일반 민심의 동요 역시 추상(追想)되는 바이다.

때마침 흉년으로 기근(飢饉)이 일어나자 국내제주현(國內濟州縣)에서는 공부(貢賦)를 수송치 아니하였다.

이로 인하여 국고가 비고 국용(國用)이 궁핍(窮乏)하여지매 왕은 관리를 파견하여 조세(租稅)를 독촉하였다. 중앙의 위령(威令)은 이미 땅에 떨어지고 병제(兵制)의 퇴폐(頹廢)·토호(土豪)의 발호(跋扈), 국도(國都)의 편재는 지방의 동란을 유치함에 더욱 형편이

좋았다. 그리하여 국내 곳곳에서 납세를 거부하고 전후 난(亂)을 일으키는 자벌떼와 같았으니 이때는 진성여왕 즉위 3년이었다.

선생은 기울어져가는 국운을 회복하기 위하여 여러 차례 진언도 하였지만 그것이 시행되지 못함은 물론이요, 높은 학문과 포부(抱負)를 가졌기 때문에 시기 질투가 시작되어 조정의 인물들은 누구나 모두 다 선생의 일거일정(一擧一靜)을 눈여겨보며 방해를 일삼기 때문에 가슴에 품었던 이상과 포부는 사라져 갔고 나라를 위한 모든 경륜조차 하나도 펴보지 못 하고 말았던 것이다.

○ 890년(진성여왕 4), 34세

선생은 시세의 불우함을 어찌할 수 없어 결연히 내직을 사양하고 지방관을 자청하였으나 첫 번째로 나가게 된 것이 태산군(太山郡 : 지금의 전북 태인) 태수(太守)였다. 태수가 되어 지방 백성들을 다스리는 일에 힘쓰기도 했으나 선생으로는 쇠망해가는 국운과 함께 한탄스런 나날을 보낸 것이다.

이 때 왕명으로 〈낭혜화상비문(朗慧和尙碑文)〉을 찬술하다.

○ 891년(진성여왕 5), 35세

이때는 벌써 북원(北原) 원주에서 일어난 양길(梁吉)이 그 부하 궁예로 하여금 북원동부락(北原東部落)과 명주관내(溟洲管內)의 10여군현을 공취하였다.

○ 892년(진성여왕 6), 36세

경주최씨(慶州崔氏)

이 해에는 비장(裨將) 견훤(甄萱)이 완산(完山) 전주에서 起兵(기병)하여 완산 일대를 점거하고 무진주(武珍州)를 습격하여 동남부군현(東南部郡縣)들이 투항귀속(投降歸屬)하니 자립하여 왕이 되었다.

○ 893년(진성여왕 7), 37세

이 해 병부시랑(兵符侍郎) 김처회(金處誨)를 당나라에 사신으로 보냈는데, 그는 항해 도중 풍랑으로 물에 빠져 죽었다.

이때 선생은 부성군(富城郡 : 현 충남 서산) 태수로 재임 중이었는데, 조정에서 하정사(賀正使)로 삼아 당나라에 파견하려 하였으나, 때마침 흉년으로 민생은 도탄에 빠지고 사방에서 도적이 일어남으로써 길이 막혀 부득이 중지하였다.

그 후 다시 당나라에 사절로 다녀온 일이 있다고 하나 연대는 알 수가 없다. 그리고 천령군(天靈郡) 경남함양(慶南咸陽) 태수를 역임한 연대도 확실히는 알 수 없으나 아마 부성군(富城郡) 태수로 가기 전으로 보아 선생의 나이 35~6세 때라고 볼 수 있다.

지증대사(智證大師)의 비문은 헌강왕의 유명(遺命)으로 고운선생이 찬술 한 것인데, 완성된 것은 바로 이해(893)다. 그러나 그 비가 건립된 것은 경명왕 8년(경애왕 원년) (924년)이다.

○ 894년(진성여왕 8), 38세

선생은 비록 나라의 혼란 속에서 버림받은 사람처럼 되었건 만은 그같이 어지럽기 때문에 나라 걱정하는 마음을 더욱 버리지 못해서 이해 2월에 정치의 급선무 십여조를 올린 바, 왕은 이를 기꺼이 받아들이고, 신라의 작위중(爵位中) 제 6위에 가는 아찬(阿湌) 벼슬을 내려주니 그것은 진골(眞骨) 이외의 사람이 받을 수 있는 최고의 벼슬이었던 것이다. 그러나 그 시무책은 실행을 보지 못하였다.

선생의 탁월한 정치적 식견을 알 수 있을 그 귀중한 글이 지금은 전하지 않는다.

○ 895년(진성여왕 9)~897년(효공왕 1), 39~41세

이 해 7월에 해인사 〈묘길상탑기(妙吉祥塔記)〉를 짓다. 동란은 점점 확대되어 전국에 미쳤다. 기회에 승한 반란자 중에는 상주에 웅거한 원종(元宗)·애노(哀奴) 등과 북원에서 일어난 양길(梁吉)의 무리, 죽주(竹州:竹山)의 기훤(箕萱)·완산(完山:전주)의 견훤(甄萱), 양길부하에서 일어난 궁예의 무리가 가장 완강하여 군웅할거의 상태를 이루니 중앙의 무력한 정령(政令)으로는 도저히 이들을 어찌하지 못하였다. 마침내 진성여왕은 재위 11년에 부득이 인책선양(引責禪讓 : 잘못된 책임을 지고 왕위를 다른 사람에게 넘겨주는 일)되고 6월에 헌강왕의 아들이요 여와의 조카인 효공왕(孝恭王)이 그 뒤를 이었다. 동유록(東儒錄)에 의하면 선생은 896년에 가야산으로 들어간 것이 되고, 동국문묘(東國文廟) 십팔현 연보(十八賢 年譜)에 의하면 898년까지 재직하였다고 볼 수 있다.

○ 898년(효공왕 2)~899년(효공왕 3), 42~43세

동국문묘(東國文廟) 십팔현 연보(十八賢 年譜)에는 이해 11월에 아찬(阿瓚) 벼슬을 면직하였다고 했는데 동유록(東儒錄)에서 선생

이 2년전(896)에 가야산에 들어갔다고 되어 있다. 이 해 정월에 〈신라가야산 해인사결계장기(新羅伽倻山 海印寺結界場記)〉를 짓다. 혹자는 선생이 불교에 너무 가까이 했다고 평한다. 그러나 유가의 척불(斥佛)은 당나라 한유(韓愈)의 창도(唱道)한 바로 송나라 정주제현(程朱諸賢)에 이르러 그 기운이 차차 준절(峻截)하여졌으며 우리나라에서는 근세에 이르러 그 기운이 왕성하여 더러는 도에 지나친 일도 있었으나, 신라와 고려시대에는 유자의 척불(斥佛)은 커녕 거국이 거의 불교 일색으로 되어서 불소 등은 국가관례 또는 제도로 또는 왕명으로 어느 문신이나 다하였으며, 더구나 선생 당시에는 중국에서도 한유(韓愈) 이외에 유가의 척불 기운은 별로 나타나지 않았다.

선생께서는 그 당시 세대상황에 맞춰 불교에 관(關)한 찬(讚)·기(記)·원문(願文) 등을 쓰신 것으로 생각된다.

○ 900년(효공왕 4), 44세

이 해에 견훤(甄萱)은 완산에 도읍하여 후백제왕(後百濟王)을 자칭하고, 10월에 궁예는 왕건으로 국원 등을 평정케 하였다.

선생은 이같이 혼란하니 학문이 쓸 곳 없고 인심조차 갈수록 험악하므로 마침내 벼슬을 던져 버리고 막대를 벗 삼아 방랑의 길을 떠났다.(문집 상권 동상비문 참조)

선생이 벼슬을 내어 놓고 산으로 들어갔다는 것이 이상과 같이 40세 혹은 42세나 44세로 되어 있다.

선생은 이해 12월 그믐날 〈해인사 선안주원 벽기(海印寺 善安住

院 壁記)〉를 짓다.

○ 1020년(고려 현종 11)
고려 현종 11년 8월 정해에 내사령(內史令)을 추증(追贈)하고 문묘(文廟)에 종사(從祀)하다.

○ 1023년(현종 11)
고려 현종 11년 2월 병오에 문창후(文昌侯)로 추봉(追封)하다.

○ 1074년(문종 28)
고려 문종 28년 9월 병신에 5대 손 선지(善之)를 도염서사(都染署史)를 삼다.

경주최씨(慶州崔氏)

역대 주요 인물(歷代 主要 人物)

최언위(崔彦撝)

868년(경문왕 8)~944년(혜종 1). 초명은 신지(愼之)·인연(仁渷). 최치원(崔致遠)의 종제이며, 문하평장사 최항(崔沆)의 할아버지이다.

885년(헌강왕 11)에 당나라에 유학해 그 곳 문과에 급제하였다. 909년(효공왕 13)에 귀국해 집사성시랑 서서원학사(執事省侍郎瑞書院學士)에 제수되었다.

935년(태조 18)에 신라가 망하자 고려에 가서 태자사부(太子師傅)가 되었고, 문한(文翰)을 위임받았으며, 벼슬이 대상 원봉대학사 한림원령 평장사(大相元鳳大學士翰林院令平章事)에 이르렀다. 본래 성품이 너그럽고 글을 잘해 태자사부로 있을 때 궁원(宮院)의 액호(額號)는 모두 그가 찬정(撰定)한 것이었으며 섬기지 않는 사람이 없었다고 한다.

최치원·최승우(崔承祐)와 함께 일대삼최(一代三崔)라 한 것으로 보아 그의 문명이 짐작된다. 또한 서법(書法)도 남달리 아름다워 충청남도 보령 성주사(聖住寺)의 〈낭혜화상백월보광탑비(朗慧和尙白月葆光塔碑)〉와 같은 비문을 쓰기도 했으며, 〈낭원대사오진탑비명(朗圓大師悟眞塔碑銘)〉·〈법경대사자등지탑비명(法鏡大師慈

燈之塔碑銘)〉 등을 찬하기도 하였다.

아들로는 최광윤(崔光胤)·최행귀(崔行歸)·최광원(崔光遠)·최행종(崔行宗) 등이 있었는데, 최광윤은 진(晋)에 유학을 가던 중 거란에게 붙잡혀 갔으나 재주를 인정받아 오히려 관직에 등용되어 구성(龜城)에서 근무하였다. 그러던 중 거란군이 고려를 침범하리라는 것을 알게 되자 고려에 서신으로 알려와 광군(光軍) 30만을 설치하게 하였다. 행귀도 오월국(吳越國)에 유학하여 비서랑(秘書郞)이 되었다. 정광(政匡)에 추증되었으며, 시호는 문영(文英)이다.

최은함(崔殷舍)

신라(新羅) 때 원보(元甫)를 역임하였다.

최승우(崔承祐)

890년(진성여왕 4) 중국당나라에 건너가 국학에서 3년간 공부하고, 893년 당나라의 예부시랑양섭(楊涉) 아래에서 빈공과(賓貢科)에 급제한 뒤 관직에 있다가 귀국하였다. 신라 말기의 6두품(六頭品) 출신 중에서 새로운 지식계급으로 대두하는 가장 대표적인 가문인 경주 최씨 출신이다. 특히 경주최씨 중에서도 최치원(崔致遠)·최인연(崔仁渷, 彦撝, 愼之)과 더불어 '신라 말기의 3최(三崔)'의 한 사람으로 이름을 날렸다.

경주최씨(慶州崔氏)

  경주 최씨들이 대개 뒤에 고려의 왕건(王建)에게로 가 문한직(文翰職)을 맡았던 것과는 달리, 후백제의 견훤(甄萱) 아래에서 봉사하였다. 그리하여 견훤을 대신해 고려태조에게 보내는 격서를 짓기도 하였다. 대표적인 것이 927년(견훤 36)의 〈대견훤기고려왕서(代甄萱寄高麗王書)〉로서, 지금도 《삼국사기》·《고려사》·《고려사절요》·《동문선》 등에 실려 있다.

  한편, 《동문선》 권12에는 〈경호(鏡湖)〉를 비롯한 칠언율시 10수가 수록되어 있다. 이들 작품들은 당나라 말기의 재상 위소도(韋昭度)와 중서사인(中書舍人)이모(李某) 또는 진사 조송(曺松)·진책(陳策) 등에게 주는 형식으로 된 점에서 볼 때, 당나라에 있는 동안 그의 교제범위가 최치원 못지않았던 것으로 추측된다. 그리고 아마도 절도사의 막부에서 종사했을 가능성이 크다. 특히, 문장에 능해 사륙집(四六集) 5권을 저술하여 《호본집(餬本集)》이라고 이름 붙였다. 그러나 오늘날 전하지 않는다.

독요경운전(讀姚卿雲傳)

언젠가 사창 앞에서 표낭을 들쳐 보니 (曾向紗窓揭縹囊)
낙양의 옛 일이 서럽기도 서럽네. (洛中遺事最堪傷)
시름은 벌써 아침 구름 좇아 흩어졌건만 (愁心已逐朝雲散)
원망의 눈물은 가는 물 따라 그지없었네. (怨淚空隨逝水長)
금곡 난간에서 몸 던진 것 안 배우고 (不學投身金谷檻)
송옥의 담을 엿봄에 응했구나. (却應偸眼宋家墻)
생각하면 도위가 재자를 어여삐 여겼지 (尋思都尉憐才子)

공조란 워낙 특별히 바쁜 신세. (大抵功曹分外忙)

별(別)

월나라 진나라로 갈리는 정한 (人越遊秦恨轉生)
번번이 구슬픈 이별 장정이 어디뇨. (每回傷別問長亭)
푸른 술 세 병 취해야 하리로고 (三尊綠酒應須醉)
붉은 입술의 한 곡조 듣고 가야 하리. (一曲丹脣且待聽)
남포의 떠나는 배는 바람이 살랑살랑 (南浦片帆風颯颯)
동문에 말을 보니 풀이 더북더북 (東門驅馬草青青)
아녀자만 다정한 것 아니라 (不唯兒女多心緒)
누군들 이별 자리에 눈물 아니 흘리리. (亦到離筵盡涕零)

최승로(崔承老)

927년(태조 10)~989년(성종 8). 경주에서 출생. 아버지는 신라 6두품인 최은함(崔殷舍)이다. 불교적 입장에서 탄생설화를 담고 있는 《삼국유사》의 삼소관음중생사조(三所觀音衆生寺條)에는 그의 이름이 '승로(丞魯)'로 되어 있고, 아버지의 이름이 '은함(殷諴)'으로 되어 있어 《고려사》 열전(列傳)의 기록과 서로 다르다. 유교적 정치이념을 체계화하여 개혁방안을 제시함으로써 성종대의 새로운 국가체제 정비에 크게 기여했다.

935년(태조 18) 신라 경순왕이 고려태조에게 투항할 때 아버지와 함께 고려에 들어왔다. 어릴 때부터 총명해 태조의 사랑을 받았다.

경주최씨(慶州崔氏)

12세에 태조에게 불려나가 《논어》를 읽었다. 이에 태조는 염분(鹽盆: 소금을 만들 때 쓰는 큰 가마)을 하사하고 원봉성학생(元鳳省學生)이 되게 하였다. 또한, 안마(鞍馬)와 예식(例食: 관례에 따라 받는 곡물) 20석(碩)을 하사하는 등 특별한 은총을 내렸다.

그 뒤 시기는 확실하지 않으나, 비교적 일찍부터 학문상의 주도권을 위임받아 문장과 학문 계통의 관직 생활을 하였다. 이와 동시에 당대 제일의 지식인 대열에 참여하였다. 신라 6두품 지식인 중에는 도당(渡唐) 유학생 출신이 많았지만, 국내에서 공부한 것으로 추측된다.

이처럼 국내에서 공부해 가장 높은 지식수준에 도달했다는 사실은 당시 우리나라의 문화적 기반이 그만큼 발전되어 있었음을 반영해 주는 것이기도 하다. 생애 중에서 가장 문제가 되는 것은 그가 광종 때에 무엇을 했느냐 하는 점이다. 《고려사》〈최승로전(崔承老傳)〉에는, 연령상 가장 정력적으로 활동할 수 있는 시기인 20대 초에서 40대 말까지의 생애를 보낸 광종 때에 문병(文柄)을 맡았다는 기사가 있다. 이것으로 미루어보아, 학사직(學士職)으로 비록 소극적이나마 정치에 참여했으리라는 설이 있다. 그러나 광종의 정치에 어느 정도 깊이 참여했는지에 관해서는 의문이다. 아마 후주(後周) 출신 쌍기(雙冀)의 등장으로 제대로 대접받지 못했던 것으로 추측된다.

그러나 경종을 거쳐 982년(성종 1)에는 정광 행선관어사 상주국(正匡行選官御事上柱國)으로 행정에서 중요한 직위를 맡게 되었다. 그 해 6월, 성종은 경관(京官) 5품 이상에게 각각 봉사(封事)를 올려 당시의 정치나 행정의 득실을 논하게 하였다. 그러자 그는 태조에서 경종에 이르는 다섯 왕의 치적평(治績評)과 함께 북계(北界)의 확정과 방위책, 공덕재(功德齋)의 폐지, 승려의 궁중 출입금지와 왕의 불법숭신(佛法崇信)의 억제 등 불교의 폐단에 관한 건의문과 그 밖의 사회문제 및 대중국관(對中國觀) 등 28조에 달하는 시무(時務)를 올렸다. 이는 유교적 정치이념에 입각한 치세의 방향을 제시한 것으로 당시 실시된 새로운 국가체제 정비에 큰 영향을 끼쳤다. 그 가운데 22개조가 현재 전해지고 있다.

이에 성종은 크게 공감하고 당시 실시된 새로운 국가체제 정비에 반영하였다. 또한, 이 상서문은 정치사상과 고려 초기의 역사적 상황이 포함되어 있어서 이 방면의 연구에 귀중한 자료가 되고 있다. 그는 상서문을 올린 직후부터 어린 성종의 정치보좌관으로서 활약하였다. 그래서 983년 문하시랑평장사(門下侍郎平章事)로 영전되고, 988년에는 문하수시중(門下守侍中)으로 청하후(淸河侯)로 봉해져 식읍(食邑) 700호(戶)를 받았다. 그 뒤 여러 차례 벼슬에서 물러날 것을 간청하였다. 그러나 성종은 이를 허락하지 않았다.

989년에 죽으니 성종이 몹시 슬퍼하고, 포(布) 1,000필, 면(麵) 300석, 갱미(粳米) 500석 등을 내려 그 훈덕(勳德)을 포상하였다. 성종의 이와 같은 지극한 배려를 통해서도 최승로가 성종 대에서 차지한 정치적 비중이 얼마나 컸던가를 엿볼 수 있다. 태사(太師)에 추증되고, 998년(목종 1)에 성종 묘정(廟庭)에 배향되었다. 그리고 1033년(덕종 2)에 대광 내사령(大匡內史令)이 더해졌다. 시호는 문정(文貞)이다.

시무28조(時務二十八條)

982년(성종 1) 최승로(崔承老)가 성종에게 당면한 과제들에 대해 자신의 견해를 밝힌 글로 성종이 경관(京官) 5품 이상자들에게 각각 봉사(封事)를 올려 시정(時政)의 득실을 논하게 하자, 정광 행선관어사 상주국(正匡行選官御事上柱國)으로 있던 최승로가 올린 두 상서문 중의 하나이다. 다른 하나는 태조·혜종·정종·광종·경종의 5조의 치적을 평가한 이른바 〈5조치적평(五朝治績評)〉이다.

시무28조는 성종이 친히 개봉(開封)하도록 별도로 밀봉(密封)해서 올린 것으로, 성종대에 이루어져야 할 정치개혁을 모두 28개 조목으로 나누어 최승로 자신의 견해를 솔직하게 피력한 것이다.

28조 중 현재 알 수 있는 내용은 22조까지이며, 나머지 6조의 내용은 전하지 않는다. 이 6조의 내용에 대한 복원작업이 시도되기는 하였으나 확실한 내용은 알 수 없다.

시무 28조의 내용은 새 국왕(성종)이 해야 할 당면과제들에 대한 구체적인 정책을 건의한 것으로 되어 있는데, 현재 전하는 22조의 내용을 보면, 최승로는 그 당시 고려왕조가 당면한 문제에 관해서 대내외적으로 광범위하게 자신의 견해를 제시하고 있다. 그 가운데에서도 불교의 폐단과 사회문제에 지대한 관심을 가지고 있었다.

① 불교비판

특히 불교에 대한 태도가 비판적이었음이 주목된다. 그러나 그의 불교비판은 교리 자체에 대한 것이 아니라, 불교에서 파생된 폐단에 대한 비판이었다는 사실을 유념할 필요가 있다. 그리고 그 비판은 크게 두 가지 측면에서 제기되었다. 첫째는 종래의 불교의식을 그대로 행하고 있던 성종에 대한 간언으로, 2·4·8조에서 모두 성종의 불교에 대한 태도를 비판하고 있다. 그리고 그 모두를 과도한 불교행사를 꾀했던 광종의 고사(故事)와 결부시키고 있는데, 이는 성종이 불선(不善)의 표본처럼 여겨지던 광종처럼 되어서는 안 된다는 점을 강조하기 위한 것으로 생각된다.

둘째는 불교로 인한 사회적 폐단에 대한 비판이었다. 6·10·16·18조가 이에 해당된다. 특히, 18조에서는 신라의 멸망이 불경·불상 등에 금은을 쓰는 등 사치가 지나쳤기 때문이라고 강조하고 이를 경계하는 것이다. 이렇게 여러 조목에 걸쳐 불교의 폐단을 비판하고 있는 것은 정치개혁을 실현하려면 성종이 지나치게 불교에 몰두해서는 안 되겠다고 생각하였기 때문이다.

이와 아울러 성종이 재위 동안에 여러 가지 유교주의 정책을 강력하게 펴나가게 된 것도 최승로의 이와 같은 정책건의와 밀접한 관계가 있었던 것으로 생각된다.

② 민생문제

또한 시무 28조에서 최승로가 역점을 둔 정책건의는 민생문제에 관한 것이었다. 그는 당시 민중들이 집권층·사찰·지방호족세력 등에 의해 가혹하게 유린당하고 있는 사실에 주목하였다. 따라서 여러 조목에서 구체적인 시정책을 제시하고 있다. 가령, 6조에서 불보·전곡의 폐단을 시정해야 될 이유로 백성의 노요(勞擾)를 들고 있으며, 7조에서는 지방관의 파견을 건의하는 이유를 향호(鄕

豪)가 매번 공무를 빙자해 백성을 괴롭히므로 백성들이 그 명을 견딜 수 없는 실정 때문이라고 하였다.

10조에서의 승려의 역관유숙금지 건의도 민폐가 초점이 되고 있으며, 13조의 연등·팔관회 규모축소 건의도 민중을 널리 징발해 노역이 매우 번거롭기 때문이라는 것을 이유로 들고 있다.

28조 중 현재 전하는 22개 조목에서 민폐의 시정과 민역(民役)의 감소 등 민생문제와 관련되는 것은 4·6·7·10·12·13·15·16·17·20·21조 등 모두 11조에 걸쳐 있다. 특히, 21조에 보이는 "민력(民力)을 쉬게 하여 환심을 얻으면 그 복은 반드시 기도하는 바의 복보다 나을 것입니다." 라고 한 말은 민생의 안정이 곧 정치적·사회적 안정과 발전을 가져올 것이라는 그의 생각을 단적으로 나타내는 것이다.

③ 사회제도

이 밖에도 최승로는 신라 말 이래 문란해진 복식제도·신분제도 등의 정비에도 관심을 보였다. 8·17·22조가 이에 해당된다. 그러나 정비기준을 한결같이 신라 이래의 전통적인 데에 두고 있음이 눈에 띈다. 이러한 면은 새로운 사회현실에 대응하는 개혁책을 제시하였으나 한편으로는 전통적인 가치관을 탈피할 수 없었던 한계를 보여주는 것이다. 즉, 최승로가 지향한 사회개혁의 목표는 전래의 가치관에 토대를 둔 제한된 것임을 알 수 있다.

④ 대외관계

대외적인 면에서 중국관계를 5조와 11조의 2조목에 걸쳐 다루고 있는 것도 중요한 의미를 가지고 있다. 이것은 광종의 지나친 모화적(慕華的)인 태도에서 빚어진 혼란을 반성하고, 이제부터는 중국에 대해 긍지와 독자성을 가지고 대응해야 할 필요성을 강조하기 위한 것이었다. 특히, 11조에서는 중국의 문물을 받아들이되 맹목적인 도입을 삼가고 우리의 현실에 알맞게 받아들여야 한다는 점이 강조되고 있다.

⑤ 군주관

시무 28조에서 주목해야 할 또 하나의 조목은 14조로서, 여기에서는 군주의 태도가 어떠해야 할 것인가를 밝히고 있다. 최승로는 「5조치적평」에서 군주가 해야 할 일이 무엇인가를 구체적인 역사적 사실을 토대로 제시한 바 있었는데, 이 조목에서 다시 군주가 지켜야 할 도리를 강조하고 있다. 그것은 정치개혁의 성공여부는 군주의 태도에 달려 있음을 말하고자 한 때문일 것이다.

"바라건대 성상께서는 날로 더욱 삼가여 스스로 교만하지 말고 신하를 접함에 공손함을 생각하며, 혹 죄 있는 자가 있더라도 죄의 경중을 모두 법대로만 논한다면 곧 태평성세를 이룰 수 있을 것입니다." 라고 한 14조의 끝말은 이런 면에서 이해될 수 있다.

시무 28조의 개혁 내용은 성종을 크게 공감시켜, 성종에 의해 추진된 일련의 국가체제정비에 많은 영향을 미쳤다. 따라서 시무 28조는 고려 초기의 새로운 정책수립자이며 정치담당자였던 최승로의 정치사상뿐만 아니라 이 시기의 역사를 연구하는 데 있어서도 중요한 자료의 하나가 되고 있다. 또한 《고려사》 편찬자들에게도 소중한 자료로 여겨졌다. 그것은 《고려사》 최승로전에 수록되어 있을 뿐만 아니라 선거지(選擧志) 전주조(銓注條), 병지(兵志) 숙위(宿衛)·진수(鎭戍)조, 형법지(刑法志) 노비조(奴婢條) 등에도 해당 시무조항이 실려 있는 사실을 보아 알 수 있다.

이 밖에 《고려사절요》·《동국통감》·《동문선》·《동사강목》 등에도 실려 있는 것을 볼 때 자료로서의 중요성을 충분히 인식할 수 있다.

시무 28조는 단순히 최승로 개인의 생각으로 끝난 것이 아니라 성종에게 결정적인 영향을 미쳤다. 특히 성종대의 새로운 국가체제 정비로 구현되었다는 점에서 중요할 뿐만 아니라 신라 말 고려 초의 한국사 연구에 있어서 그 사료적 가치 또한 매우 크다고 할 수 있다.

최 량(崔 亮)

?~995년(성종 14).

성품이 너그럽고 글을 잘 지었다. 광종 때 과거에 급제하여 공문박사(攻文博士)가 되었다. 성종이 즉위하기 전에 사우(師友)관계가 있었으므로 즉위하자 특별히 등용되었고, 또한 인망이 있어 여러 벼슬을 거쳐 좌산기상시 참지정사 겸 사위경(左散騎常侍叅知政事兼司衛卿)이 되었다.

병으로 해임되었다가 왕의 특별배려로 복직되어 문하시랑에 임명되었고, 이어 내사시랑 겸 민관어서 동내사문하평장사 감수국사(內史侍郎兼民官御事同內史門下平章事監修國史)에 이르렀다. 또한 993년(성종 12) 10월 거란의 1차 침입 때 하군사(下軍使)가 되어 상군사 박양유(朴良柔), 중군사 서희(徐熙)와 더불어 북계(北界)에서 진출하는 거란을 막았다.

995년 4월에 죽으니 왕이 애도하여 태자태사(太子太師)에 추증하고, 쌀 300석, 보리 200석, 뇌원다(腦原茶) 1,000각(角)을 부의(賻儀)하였다.

998년(목종 1) 4월에 성종 묘정에 배향되었고, 여러 번 추증되어 태위 태보 태사 내사령(太尉太保太師內史令)이 되었으며, 1033년 10월에 삼중대광(三重大匡)에 추증되었다. 시호는 광빈(匡彬)이다.

최광윤(崔光胤)

신라3최(新羅三崔)로 알려진 평장사(平章事) 최언위(崔彦撝)의 아들이다.

진사과에 합격한 뒤 빈공진사(賓貢進士)로 진(晉)나라에 유학가던 도중 거란의 포로가 되었으나 재주를 인정받아 관직을 받았다. 이 무렵 거란이 고려를 침략할 것을 알고 이를 고려에 보고하여 정종이 30만의 대군으로 광군(光軍)을 창설, 서경에 주둔시켜 거란의 침략에 대비하게 하였다.

경주최씨(慶州崔氏)

최 숙(崔 肅)

고려조(高麗朝)에 문하시중(門下侍中)을 역임하였다.

최 항(崔 沆)

?~1024년(현종 15). 자는 내융(內融). 평장사(平章事) 최언위(崔彦撝)의 손자이다.

성종 때 20세로 갑과(甲科)에 등과, 왕이 그 재주를 가상히 여겨 우습유지제고(右拾遺知制誥)에 발탁하였다. 그 뒤 여러 벼슬을 거쳐 내사사인(內史舍人)이 되었다.

목종 때는 거듭 지공거(知貢擧)가 되어 훌륭한 인재를 많이 뽑아 왕의 두터운 신임을 받았으며, 이부시랑(吏部侍郎)·중추원사(中樞院使)를 지냈다. 그러나 김치양(金致陽)이 반역을 꾀하자 채충순(蔡忠順) 등과 함께 계책을 세워 현종을 맞았다.

현종 즉위 초에 한림학사 승지 좌산기상시(翰林學士承旨左散騎常侍)가 되었다가 얼마 뒤에 정당문학(政堂文學)으로 승진했고 왕의 사부(師傅)가 되었으며, 현종에게 청해 성종 이후 폐지된 팔관회(八關會)를 부활시켰다.

1012년(현종 3) 이부상서 참지정사 감수국사(吏部尙書參知政事監修國史)를 거쳐 1016년에는 내사시랑평장사(內史侍郎平章事)가 되었다. 1020년 추충진절위사공신(推忠盡節衛社功臣), 이듬해에 검교태부 수문하시랑 동내사문하평장사 청하현개국자 식읍오백호

(檢校太傅守門下侍郎同內史門下平章事淸河縣開國子食邑五百戶)의 관작을 받았으며 수정공신(守正功臣)이 되었다.

평소 관직 생활을 좋아하지 않았으므로 70세가 되기 전에 치사(致仕: 나이가 많아 벼슬을 사양하고 물러나는 것)하기를 청해 현종이 여러 차례 불렀으나 벼슬에 나아가지 않았다. 불교를 깊이 믿어 경주 황룡사탑의 수리를 자청해 몸소 감독하기도 했고, 또 자기 집에 불경과 불상을 만들어 두고 중처럼 지내다가 마침내 집을 희사해 절로 만들었다.

1024년 병이 위독하자 왕이 친히 문병했고, 그가 죽자 몹시 애도하며 후하게 부의하였다. 과묵하고 결단력이 있었으며 청렴결백해 집안에 저축이 없었다고 한다. 뒤에 현종 묘정에 배향되었고, 1033년(덕종 2) 정광(正匡)에 추증되었다.

정종은 시중(侍中)을 가증(加贈)하고 최항의 기일에는 유사(有司)에게 명해 도량(道場)을 현화사(玄化寺)에 베풀고 명복을 빌었다. 1067년(문종 21) 수태사 겸 중서령(守太師兼中書令)이 가증되었다. 시호는 절의(節義)이다.

자족(自足)

뜰에 가득한 달빛은 연기 없는 촛불이요 (滿庭月色無烟燭)
방안에 드는 산 빛은 초대 않은 손님인데. (入座山光不速賓)
이 보다 더함은 소나무가 악보 밖의 곡을 타니 (更有松絃彈譜外)
홀로 흡족히 즐길 뿐 사람에겐 전하지 못하네. (只堪珍重未傳人)

경주최씨(慶州崔氏)

최원신(崔元信)

문하평장사(門下平章事) 최양(崔亮)의 아들이다.

994년(성종 13)에 과거에 급제하였다. 1012년(현종 3)에 호부시랑(戶部侍郎)으로 거란에 사신으로 다녀왔으며, 1019년에는 예빈경(禮賓卿)으로 이수화(李守和)와 함께 송나라에 하정사(賀正使)로 가서 오욕되는 일을 하였다고 하여 돌아와 유배되었다.

최제안(崔齊顔)

?~1046년(문종 즉위). 수문하시중(守門下侍中)을 지낸 최승로(崔承老)의 손자로, 최숙(崔肅)의 아들이다.

1020년(현종 11) 천령절(千齡節)을 하례하기 위하여 거란에 다녀와서 태자우서자(太子右庶子)가 되고, 1030년에 중추사(中樞使)을 거쳐 1034년(덕종 3) 호부상서가 되었다. 이해 정종이 즉위하자 이부상서가 되었으며, 1036년 상서좌복야 중추사(尙書左僕射中樞使)에 오르고, 이듬해에는 참지정사를 겸하였다.

1043년(정종 9) 문하시랑 동내사문하평장사 판상서호부사(門下侍郎同內史門下平章事判尙書戶部事)에 임명되고, 뒤에 태사 문하시중(太師門下侍中)을 역임하였다.

일찍이 고려 태조의 〈훈요십조(訓要十條)〉가 병화로 망실되었는데, 최항(崔沆)의 집 서고에서 훈요를 발견하여 바침으로써 후세에 전하여지게 되었다고 한다.

문종의 묘정(廟庭)에 배향되었으며, 시호는 순공(順恭)이다.

최방언(崔邦彦)

자는 성언(誠彦).
첨지중추부사(僉知中樞府事)를 역임하였다.

최 임(崔 琳)

고려조(高麗朝)에 보문각학사(寶文閣學士)를 지냈다.

최문훈(崔文勳)

고려조(高麗朝)에 시중(門下侍中)을 역임하였다.

최상훈(崔尙勳)

고려조(高麗朝)에 문하시중(門下侍中)을 역임하였다.

최여해(崔汝諧)

1101년(숙종 6)~1186년(명종 16).
과거에 급제, 울주통판(蔚州通判)을 거쳐 익양부(翼陽府)의 전첨(典籤)으로 있을 때에 익양공(翼陽公: 명종)이 왕위에 오르는 꿈을 꾸고 예언하였는데 뒤에 명종이 즉위하자 그 인연으로 나주판관에서 좌정언지제고(左正言知制誥)에 제배(除拜)되고, 이어 시어사 보문각대제(侍御史寶文閣待制)를 역임하였다.

《신증동국여지승람(新增東國輿地勝覽)》의 기록에는 "최여해가 하루는 꿈에 태조가 명종에게 홀(笏)을 주었다. 명종이 그것을 받고 어좌(御座)에 앉으니, 여해가 여러 동료들과 함께 하례하였다. 잠이 깬 뒤에 기이하게 여겨 명종에게 고하였다."고 하였으며, 《고려사절요(高麗史節要)》에도 비슷한 이야기가 전해지고 있다.

1176년(명종 6) 간의대부 국자좨주(諫議大夫國子祭酒)로서 감시(監試)를 주관하여 시(詩)·부(賦)로 이진승(李晉升) 등 8인과 십운시로 정세준(鄭世俊) 등 38인, 그리고 명경(明經) 1인을 시취(試取)하였다.

77세에 추밀원사 좌산기상시(樞密院使左散騎常侍)가 되고 정당문학(政堂文學)으로 치사(致仕)하였다. 시호는 문정(文貞)이다.

최송년(崔松年)

완산(完山) 출신이다.

완산의 수령으로 도임한 시랑 박춘령(朴椿齡)에 의하여 최척경(崔陟卿)·최균(崔均) 등과 함께 문동(文童)으로 뽑혀 상경(上京), 모두 이름난 선비가 되었다. 이 때문에 최척경·최균과 함께 완산의 3최(崔)로 불렀다.

최 애(崔 藹)

고려조(高麗朝)에 판도판서(版圖判書)를 역임하였다.

최백륜(崔伯倫)

최치원(崔致遠)의 후손이다.

1282년(충렬왕 8) 문과에 장원하고, 1285년 순마소(巡馬所)에 속하였다. 1308년(충선왕 즉위) 무농사(務農使)가 되어 농민을 독려하였다. 아들 해(瀣)가 성균학관으로 있을 때 학유(學諭)에 궐원이 생겨 해가 이수(李守)와 이 자리를 다투었는데, 정승 최유엄(崔有渰)과 이 문제로 싸우다가 고란도(孤蘭島)에 유배되었다.

여러 벼슬을 거쳐 민부의랑(民部議郞)에 이르렀으며, 원나라로부터 고려왕경유학교수(高麗王京儒學敎授)의 직을 받았다.

최광위(崔光位)

시호(諡號)는 충렬(忠烈)이다.

고려조(高麗朝)에 상장군(上將軍)을 거쳐 내사령(內史令)을 지내고 계림부원군(鷄林府院君)에 봉해졌다. 충렬공파(忠烈公派)의 파조(派祖)이다.

경주최씨(慶州崔氏)

최현우(崔玄祐)

호는 화숙(和淑).

고려조(高麗朝)에 문하시중(門下侍中)을 역임하였다. 화숙공파(和淑公派)의 파조(派祖)이다.

최 해(崔 瀣)

1287년(충렬왕 13)~1340년(충혜왕 복위 1). 자는 언명보(彦明父) 또는 수옹(壽翁). 호는 졸옹(拙翁) 또는 예산농은(猊山農隱). 시호는 문정(文正). 최치원의 후손으로 아버지는 민부의랑(民部議郞) 최백륜(崔伯倫)이며, 어머니는 대호군(大護軍) 임모(任某)의 딸이다.

최해는 문과에 급제하여 성균관 학유를 거쳐서 예문춘추검열(藝文春秋檢閱)이 되었다. 장사감무(長沙監務)로 좌천되었다가 뒤에 예문춘추주부로 기용되었다. 장흥고사(長興庫使)에 임명된 뒤에 1320년(충숙왕 7) 안축(安軸)·이연경(李衍京) 등과 함께 원나라의 과거에 응시하였다. 최해만 급제하였다. 1321년 요양로개주판관(遼陽路蓋州判官)이 되었다. 5개월만에 병을 핑계하고 귀국하였다. 예문응교(藝文應敎)·검교(檢校)·성균관대사성이 되었다. 말년에는 사자갑사(獅子岬寺)의 밭을 빌려서 농사를 지으며 저술에 힘썼다.

최해는 평생을 시주(詩酒)로 벗을 삼았다. 이제현(李齊賢)·민사평(閔思平)과 가까이 사귀었다. 성품이 강직하여 세속에 아부하지 않고 거리낌 없이 남의 선악을 밝혔다. 그래서 윗사람의 신망을 사지 못하여 출세에 파란이 많았다. 그는 독서나 창작에 있어서 스스로 깨달음을 중하게 생각하였다. 그가 사제관계를 맺은 기록이 보이지 않는다. 이것은 《고려사》에서 기술하였듯이 그의 성격이 대단히 곧고 깨끗하였음을 보여준다.

최해가 노년에 지은 《예산은자전(猊山隱者傳)》은 자서전이다. 책 속에서 "구차하게 편함을 추구하지 않고 떳떳이 우졸(愚拙)로 살아가겠노라."라고 한 것은 '졸옹'이라고 자호(自號)한 동기와 같다. 말년에는 저술에 힘써 고려 명현의 명시문을 뽑아 《동인지문(東人之文)》 25권을 편찬하였다. 그가 남긴 문집은 《졸고천백(拙藁千百)》 2책이다. 일본에 있다. 1930년에 영인되었다.

눈오는 밤 관아에서 (縣齋雪夜)

삼 년 귀양살이에 병고는 그치지 않고, (三年竄逐病相仍)
한 간 좁은 방안의 삶 절간의 중과 같네. (一室生涯轉似僧)
눈은 사방 산을 채워 인적은 끊어지고 (雪滿四山人不到)
파도 소리 속에 앉아 등불을 돋우네. (海濤聲裏坐挑燈)

송산서원에서 하과를 하다가 동암의 안문성공 향을 추모하여 지은 시에 차운하며
(在松山書院夏課次東庵追慕安文成珦所著韻)

성인이 멀어진 이 시대에 누구를 좇으려는가 (時當去聖欲從誰)
모두 떳떳한 것 버리고 기이함만 찾는구나 (盡棄常經競好奇)

경주최씨(慶州崔氏)

어진 그 분이 나서 세상 인도 안 했다면 (不是賢侯生命世)
어찌 주자를 시켜 스승 높일 줄 알았으리 (寧敎冑子復尊師)
돈을 내어 장래 계획 끝이 없었네 (抽錢慮遠資無極)
함장의 깊은 공은 유위한 후배를 낳게 했도다 (函丈功深進有爲)
공자께 배향하자는 공론이 있는 이때 (配祀宣尼有公論)
비석을 먼저 깎아서 이 시를 새기시오 (請先鑱石勒斯詩)

《예산은자전(猊山隱者傳)》

최해(崔瀣)가 지은 탁전(托傳). 가상의 인물을 설정하여 자신의 일생을 가탁에 의하여 서술한 글이다. 《졸고천백(拙藁千百)》 권2, 《동문선》 권100 등에 수록되어 있다.

은자의 이름은 하계(夏屆)인데 혹 하체(下逮)라고도 한다. 본래 복성이 아니었는데, 은자가 이음(夷音)이 늘어지므로 그 이름까지 합쳐서 바꾸어 창괴(蒼槐)라고 한다고 하였다. 어려서부터 천리(天理)를 알았고 배움에 나아가서는 한쪽에 치우치는 것을 싫어하였다. 얼마간 자라서는 공명에 뜻을 두었으나, 세상에 허락되지 않았다. 아첨을 싫어하고 술을 좋아하며, 남의 나쁜 점을 들추어내기를 좋아하여 그렇다고 하였다. 끝내 세상과 조화를 이루지 못한 채 불우하게 살다가 만년에는 절의 농토를 빌려 농사를 지으며 '예산농은(猊山農隱)'이라 했다고 하였다. 평소에 부도(浮屠)를 좋아하지 않았으나, 마침내는 절의 전호(佃戶)가 되었다고 하였다.

탁전이라는 글의 형식이 가탁에 의하여 이루어지므로, 저자도 이 글의 제목을 '예산은자전'이라 하고, 은자의 이름과 성을 전혀 다른 사람처럼 꾸몄으나, 글의 전체적 내용을 상고하면, 작자 자신에 관한 내용임을 알 수 있다. 은자의 성씨가 창괴라 하고, 이음이 늘어지므로 이름까지 합쳐 복성으로 하였다고 위장하였으나, '최해'라는 이름을 늘려 발음하여 '창괴'라고 하는 성씨로 삼았음을 말하는 것이다.

최 제(崔 堤)

시호(諡號)는 문밀(文密). 소감(少監) 인지(仁祉)의 아들이다.

고려조(高麗朝)에 밀성군(密城君)에 봉해졌다. 문밀공파(文密公派)의 파조(派祖)이다.

최 관(崔 灌)

?지은 시에 차운하며 1152년.

1119년(인종 7) 병부낭중 재임시 금나라에 사신으로 가서 천청절(天淸節)을 하례하였다. 1138년(인종 16) 지어사대사로 있을 때 잡단 박정유(朴挺蕤)와 시어사 인의(印毅)·최숭중(崔述中)·안숙(安淑) 등과 함께 묘청(妙淸)의 난 때 서경인들에게 뇌물을 받은 추밀사 진숙(陳淑)을 탄핵하였다.

1140년(인종 18) 우상시(右常侍)로 있을 때 재신 김부식(金富軾)을 비롯한 임원애(任元敱)·이중(李仲)·최진(崔溱)·최자(崔梓)·정습명(鄭襲明) 등이 시폐 10조목을 올리고 바로잡을 것을 청하였

경주최씨(慶州崔氏)

는데 이에 참여하지 않고 평상시와 다름없이 직무를 수행하여 비난을 받았다. 1142년(인종 20) 동지추밀원사로서 간의대부 최유청(崔惟淸)과 함께 금나라에 사신으로 다녀왔다. 1145년 추밀원사 판삼사사를 거쳐 상서우복야를 역임하고, 1152년(의종 6) 평장사로 치사하였다.

최광우(崔光祐)

고려조(高麗朝)에 밀직사사(密直司使)를 역임하였다.

최 습(崔 隰)

고려조(高麗朝)에 찬성사(贊成事)를 지냈다.

최 잉(崔 陾)

고려조(高麗朝)에 형부상서(刑部尚書)를 지냈다.

최 주(崔 周)

고려조(高麗朝)에 판전의시사(判典儀寺事)를 지냈다.

최　청(崔　淸)

1344년(충혜왕 5)~1414년(태종 14). 자는 직재(直哉), 호는 송음거사(松陰居士)·관가정(觀稼亭). 부친은 고려 후기 판봉상시사(判奉常寺事)를 지낸 최자운(崔子雲)이고, 모친은 풍양조씨(豊壤趙氏)이다.

어려서부터 자질이 특출하였고, 익재(益齋) 이제현(李齊賢)의 문하에서 학문을 배웠는데, 이제현이 "후일 반드시 대학자가 될 것이다"라고 예언했다고 한다. 1360년(공민왕 9) 문과에 급제하여 보문각학사(寶文閣學士)가 되었다. 이듬해 10월 홍건적이 개성에 침입하여 위태롭게 되자, 공민왕은 수도를 버리고 안동(安洞)으로 피난하였는데 그도 왕을 호종하여 보필한 공으로 중서문하성(中書門下省) 정당문학(政堂文學) 시랑(侍郎)에 올랐다. 1365년에 중서시랑(中書侍郎)에 임명되었는데, 당시의 권력자 신돈(辛旽)이 전권을 행사하였기 때문에 뜻을 펴지 못하였다. 이 때 신돈의 폐해를 지적한 탄핵 상소를 올려 신돈의 미움을 받았고, 공민왕의 냉대로 신주감무관(信州監務官)으로 좌천되었으나 임지에서 선정을 베풀었다.

신돈이 귀향 간 후인 1375년 첨의중찬(僉議中贊)에 임명되어 개성(開城)으로 돌아왔다. 1378년(우왕 4) 남로선유사(南路宣諭使)로 나갔고, 1384년 사복시정(司僕寺正)으로 명(明)에 파견되었다가 홍무제(洪武帝)로부터 자금어대(紫金魚袋)를 하사받았다. 1384년 검교정승(檢校政丞)에 임명되었으나 조정의 혼란에 실망하여 모든 벼슬을 사직하고 낙향하였다. 이후 여러 현인(賢人)들과 함께 두문동

(杜門洞)에 들어가 은거하였다. 자신의 처지를 한탄하면서 "산야에 멀리 숨어 맹세코 세상에 나가지 않고 나무나 하고 밭을 갈면 아는 자 그 누구이겠는가!"라고 하였다. 양주(楊州)의 풍양(豊壤)에서 여생을 보냈다.

1394년(태조 3) 태조가 좌찬성(左贊成)으로 임명하여 불렀으나 거절하고 불사이군(不事二君)의 충절을 지켰다. 태조가 이를 가상히 여겨 은거하고 있는 산을 어래산(御來山)으로 봉하고 정자에 관가정(觀稼亭)이란 편액을 내렸다. 그는 이를 보고 탄식하면서 "산의 이름에 임금이 왔다고 하였으니, 내가 어찌 이곳에 거처하겠는가!"하고 조견(趙狷)과 함께 송산(松山)으로 옮겨가 살았다.

임종 시에 자손들에게 "내 비석에는 반드시 고려의 관직을 써라!"라는 유언을 남겼다고 한다. 그러나 개갈(改碣) 시에 잘못하여 조선 태조가 내린 좌찬성의 관직을 적어 넣었더니 갑자기 천둥이 치고 벼락이 떨어져 비석이 산산조각이 났다고 전해진다. 묘는 남양주 진건면 용정리에 있다.

최 강(崔 江)

호는 초은(樵隱).

고려조(高麗朝)에 여러 청환직을 거쳐 판사(判事)에 올랐으나 고려가 망하자 사직하였다. 조선 태조가 예조참판(禮曹參判)으로 불렀으나 나아가지 않고 여주(驪州) 계림동에 퇴거하여 여생을 보냈다.

최첨로(崔添老)

호는 석계(石溪). 고려말에 정치가 문란하고 기강이 흐트러지자 종제 최이(崔邇)와 함께 여러 차례 간하였으나 실행되지 않으므로 산으로 들어가 종적을 감추었다. 이조 참판(吏曹參判)에 추증되었다.

최 이(崔 邇)

호는 둔옹(遯翁). 고려말 온수 감무를 지내다가 정치가 문란해지자 이를 간하였으나 듣지 않으므로 종형 최첨로(崔添老)와 함께 산으로 들어갔다. 한성부 판윤에 추증되었다.

최 단(崔 鄲)

1388년(우왕 14) 요동정벌 당시 안동원수(安東元帥)로서 이성계(李成桂) 휘하로 출정, 위화도에서 회군(回軍)했으며 창왕 즉위 후 경상도도순문사(慶尙道都巡問使) 박위(朴葳)와 함께 상주에서 왜구를 격파했다. 1390년(공양왕 1)에 한양윤(漢陽尹)에 이어 판자혜부사(判慈惠府事)를 지냈고 1392년(태조 1) 조선이 개국되자 개국원종공신(開國原從功臣)에 책록되었으며, 앞서 회군의 공으로 3등공신에 책록되었다.

광정공파(匡靖公派)의 파조(派祖)이다. 시호는 광정(匡靖)이다.

경주최씨(慶州崔氏)

최홍기(崔弘基)

1339년(충숙왕 복위 8)~?. 자는 원지(遠之). 문밀공파(文密公派)의 파조(派祖) 최제(崔堤)의 손자이다.

1359년(공민왕 8) 홍건적의 난이 일어나 서경(西京)을 침범하자 승병(僧兵)을 모집하여 난을 토평한 공으로 공신에 녹훈되고 원보(元甫)에 이르러 1383년(우왕 9) 요동의 호발도(湖拔都) 양수척(揚水尺)을 대파하는데 공을 세워 자헌대부(資憲大夫) 병조판서(兵曹判書)에 추증되었다.

최 호(崔 灝)

1042년(정종 8) 동경(東京: 경주) 부유수(副留守)로 있을 당시 왕명에 의하여 《전후한서(前後漢書)》와 《당서(唐書)》를 새로 간행하였다. 이는 불서(佛書) 이외의 전적(典籍)으로는 처음 간행된 것으로 의미가 크다. 그 공으로 벼슬을 받았으며, 1045년(정종 11)에는 《예기정의(禮記正義)》 80권과 《모시정의(毛詩正義)》 40권을 간행하였다.

최 예(崔 汭)

조선조(朝鮮朝)에 성균관사성(成均館司成)을 역임하였다. 사성공파(司成公派) 파조(派祖)이다.

최유종(崔有悰)

조선조(朝鮮朝)에 사헌부 정언(司憲府正言)을 역임하였다.

최효손(崔孝孫)

조선조(朝鮮朝)에 사간(司諫)을 역임하였다.

최문손(崔文孫)

조선조(朝鮮朝)에 대사헌(大司憲)을 지냈다.

최한경(崔漢卿)

자는 언보(彦輔).
조선조(朝鮮朝)에 이조 판서(吏曹判書)를 역임하였다.

최 정(崔 釘)

조선조(朝鮮朝)에 정자(正字)를 지냈다.

최 진(崔 鎭)

조선조(朝鮮朝)에 감찰(監察)을 역임하였다.

경주최씨(慶州崔氏)

최 아(崔 浛)

조선조(朝鮮朝)에 전적(典籍)을 역임하였다.

최형한(崔亨漢)

조선조(朝鮮朝)에 학자로 명성을 떨쳤다.

최경지(崔敬止)

?~1479년(성종 10). 자는 화보(和甫). 필선 최유종(崔有悰)의 아들이다.

1460년(세조 6) 생원으로 별시문과에 장원으로 급제하여 사간원 정언에 제수되고, 1462년 경연에서의 뛰어난 강서(講書)로 가자(加資)되었다. 1464년 시(詩)·문(文)·사(史)에 능한 문신을 뽑을 때 시학문에 소속되고, 그해 병조좌랑 재직중 사헌부로부터 "비목(批目)을 서리에게 위임시켜 무단히 출거(出去)하였다."는 탄핵을 받고 고신(告身)을 박탈당하였다. 1466년 지평으로 복직하고, 그해 실시한 발영시(拔英試)에서 2등으로 합격하였다. 1469년(예종 1) 예문관전한에 승진되고, 곧 부응교 겸 경연시강관에 개수(改授)되면서 춘추관편수관이 되어 《세조실록》·《예종실록》 편수에 참여하였다.

1475년(성종 6) 봉상시부정(奉常寺副正), 이듬해 문과중시에서 2등으로 급제하였고, 1477년 《율려신서(律呂新書)》를 학습할 문신으로 선임되었다. 1479년 홍문관직제학으로서 연산군의 생모인 정현왕후(貞顯王后)의 폐위에 강력히 반대하였고, 곧 부제학으로 승진하였다가 주병(酒病)으로 죽었다. 기개가 높고 시명이 있었으며, 세조말에서 성종초에 걸쳐 문한직(文翰職)에 있으면서 문운 융성에 공헌한 바 있다.

최숙생(崔淑生)

1457년(세조 3)~1520년(중종 15). 자는 자진(子眞), 호는 충재(盅齋). 최철중(崔鐵重)의 아들이다.

1492년(성종 23) 진사로서 식년문과에 을과로 급제, 1496년(연산군 2) 사가독서(賜暇讀書)하고 수찬·지평·헌납 등을 지냈다. 1504년 응교로 있을 때 연산군이 생모에 대하여 상복을 다시 입으려 하자, 이행(李荇)과 함께 이를 반대하는 소를 올렸다가 그 소의 글귀가 문제되어 신계(新溪)로 유배되었다. 1506년 중종반정으로 풀려나와 그해 9월에 응교로 다시 임명되었으며, 1508년(중종 3) 문신정시(文臣庭試)에서 장원하였다. 그 뒤 대사간·대사헌을 지내고, 1518년 우찬성에 올랐다. 이듬해 사은사(謝恩使)를 거절하자 파직되었고, 곧 판중추부사로 복직되었으나 이해 기묘사화로 다시 파직되었다.

저서로는 《충재집》이 있다. 영의정에 추증되었으며, 시호는 문정(文貞)이다.

경주최씨(慶州崔氏)

성심천(聖心泉)

어떻게 내 마음을 깨게 할까 (何以醒我心)

맑은 샘물이 옥같이 희구나. (澄泉皎如玉)

돌 위에 앉으니 바람에 옷깃이 날리고 (坐石風動裙)

흐르는 물을 뜨니 달이 손바닥에 가득차네. (挹流月盈掬)

최 긍(崔 兢)

1438년(세종 20)~?. 자는 긍신(兢愼). 문밀공 최제(崔堤)의 8세손 최각의 아들이다.

세조조에 무과에 급제하여 명천 현감을 지내고 관직에서 물러나 낙향하여 후진양성에 전심하던 중 1498년 무오사화가 일어나자 평소 이주·최부. 등과 친교 있다하여 추궁당하자 가족을 데리고 충청도로 피난하였으며, 중종 때 수군절도사에 추증되었다

최상정(崔尙貞)

1460년(세조 5) 무과에 급제하여 훈련원 참군(訓練院參軍)을 지냈다.

최우강(崔佑江)

1480년(성종 11) 무과에 급제하여 훈련원 참군(訓練院參軍)을

역임하였다.

최항열(崔恒烈)

1392년(태조 1)~?. 자는 윤수(允守). 문밀공(文密公) 최제(崔堤)의 5세손으로 최학령(崔學齡)의 아들이다.

1415년(태종 15) 무과에 급제하고 함경도 정평부사(定評府使)를 역임하며 선정(善政)하여 나라에서 선정비(善政碑)를 세웠다.

최한홍(崔漢洪)

조선조(朝鮮朝)에 병마절도사(兵馬節度使)를 역임하였다.

최 운(崔 雲)

자는 자룡(子龍). 조선조(朝鮮朝)에 사도시정(司徒寺正)을 역임하였다.

최경홍(崔景弘)

자는 의옹(毅翁).
조선조(朝鮮朝)에 승문원 정자(承文院正字)를 역임하였다.

경주최씨(慶州崔氏)

최한정(崔漢禎)

조선조(朝鮮朝)에 군수(郡守)를 지냈다.

최응허(崔應虛)

자는 공진(拱辰).
조선조(朝鮮朝)에 형조 참의(刑曹參議)를 역임하였다.

최득하(崔得河)

조선 성종(成宗)조에 어모장군(禦侮將軍)으로 용양위부사맹(龍驤衛副司猛)을 지냈다.

최삼택(崔三宅)

자는 임향(壬鄕).
조선 중종(中宗) 때 한성부 우윤(漢城府右尹)을 지냈다.

최경천(崔擎天)

조선 중종(中宗) 때 사헌부 감찰(司憲府監察)을 지냈다.

최 호(崔 湖)

1536년(중종 31)~1597년(선조 30). 자는 수부(秀夫). 아버지는 벽동군수(碧潼郡守) 한정(漢禎)이며, 어머니는 광주김씨(光州金氏)로 군수 계옥(繼玉)의 딸이다.

일찍이 무과에 급제하고, 1576년(선조 9) 무과중시에 장원하였다. 여러 관직을 거쳐 1594년에 함경도병마절도사가 되었는데 야인들의 감파보(甘坡堡) 침입을 막지 못한 데 대한 견책을 받았다.

1596년 충청도수군절도사로 이몽학(李夢鶴)이 반란을 일으켰을 때에는 홍가신(洪可臣)과 함께 주장(主將)이 되어 홍산(鴻山)·임천(林川) 등지에서 난적을 소탕하여 공을 세웠다.

이듬해에 정유재란이 일어나자 칠천량해전에서 원균(元均)과 함께 패사하였다. 1604년 이몽학의 난 평정에 세운 공로로 청난공신(淸難功臣) 2등에 추록되고, 1615년(광해군 7) 찬집청(撰集廳)의 주청으로 임난공신록에도 추록되었다. 시호는 충원(忠元)이다.

최중복(崔仲福)

1539년(중종 34)~1592년(선조 25). 자는 오겸(五兼). 동중추부사 최흥의(崔興義)의 아들이다.

어려서부터 지극히 효성스러워서 산에 가서 나무를 하고 물에 다니면서 고기를 잡아 가난한 살림을 꾸려가며 어버이를 봉양하였다. 《효경》과 《논어》를 읽어 위인지방(爲人之方)을 배웠고, 여력이 뛰어나서 말을 타고 활을 쏘며 검술을 익혔다. 무예는 선비의 일이 아니라고 하자 서슴없이 "대장부가 세상에 나서 불행히 때를 만나지 못하면 삼척검(三尺劒)을 가지고 천하를 깨끗이 씻어야 된다."고 주장하였다. 1582년(선조 15) 무과에 급제하여 훈련원첨정이 되었다.

1592년 임진왜란이 일어나자 전라좌수영으로 이순신(李舜臣)을 찾아가 자진 입대하여 장군을 도와 전쟁의 계획을 세우고 전쟁준비를 하였다. 그의 의견이 탁월하였으므로 이순신도 극진히 사랑하여 그의 의견을 따른 일이 많았다. 해남과 명량(鳴梁)과 당곶(唐串)의 수전에 참가하여 많은 적을 죽여서 공을 세웠고, 한산도 해전에서는 선봉에 서서 독전(督戰)하여 대공을 세우니 이순신이 당나라의 명장인 남제운(南齊雲)과 뇌만춘(雷萬春)도 그를 따를 수 없다고 극찬하였다.

이튿날 새벽에 경예함대(輕銳艦隊)를 인솔하고 대양(大洋)에 나갔다가 적을 만나 적장 8명을 참수하고 비탄(飛彈)에 맞아 전사하였다. 뒤에 선무원종공신(宣武原從功臣)에 녹훈되었다.

최동보(崔東輔)

자는 자익(子翼), 호는 우락재(憂樂齋). 대구 출생. 내금위 최종옥(崔宗沃)의 손자이다.

글을 좋아하고 의기(義氣)가 있었다. 1592년(선조 25) 임진왜란이 일어나자 중부 최인(崔認), 계부 현령 최계(崔誡) 및 장몽기(張

夢紀) 등과 함께 의병을 일으켜, 경산·영천·경림 등지로 전전하면서 적의 실태를 정확히 파악하고, 지리적 조건을 잘 이용한 복병전술로써 적을 무찔러 기세를 꺾었다. 당시의 상황을 일기로 적은 《신협일기(神篋日記)》가 전한다. 호조참판에 추증되고, 최계 등과 함께 대구의 평천사(平川祠)에 향사되었다.

최봉천(崔奉天)

1564년(명종 19)~1597년(선조 30).

무과에 급제하고 1592년(선조 25) 임진왜란이 일어나자 조카 진립(震立)과 함께 의병을 일으켜 언양·울산의 양군과 경주지역을 온전하게 지키는 전공을 세웠다. 그 공으로 훈련원정(訓鍊院正)이 되고 경상도우후(慶尙道虞候)를 지냈으며, 1597년 정유재란 때 다시 의거, 영천의 창암(倉巖) 싸움에서 전사하였다.

최진립(崔震立)

1568년(선조 1)~1636년(인조 14). 자는 사건(士建), 호는 잠와(潛窩). 군기시첨정(軍器寺僉正) 최득정(崔得汀)의 증손으로, 할아버지는 순릉참봉 최삼빙(崔三聘)이고, 아버지는 최신보(崔臣輔)이며, 어머니는 평해황씨(平海黃氏)로 참봉 사종(士鐘)의 딸이다.

1592년(선조 25) 임진왜란 때 동생 계종(繼宗)과 함께 의병을 일으켰다. 1594년에 무과에 급제하여 부장을 제수받았으나 병으로

경주최씨(慶州崔氏)

사직하였다. 1597년 정유재란 때 결사대 수백명을 인솔하고 서생포(西生浦)의 적을 격멸한 데 이어 양호(楊鎬)·권율(權慄)과 함께 도산(島山)에서 대승하였다. 1600년 여도만호 겸 선전관(呂島萬戶兼宣傳官)에 제수되었으나 취임하지 않고, 1607년 도총도사에 제수되자 비로소 관직에 나갔다. 뒤에 울산에 유배되었으나 인조반정 후 사면되어 가덕첨사(加德僉使)를 제수받았다.

경흥부사·공조참판을 거쳐 1630년(인조 8) 경기수사로 삼도수군통제사(三道水軍統制使)를 겸하였다. 1634년 전라수사를 거쳐서 1636년 공주영장으로 병자호란을 맞자 감사 정세규(鄭世規)를 따라 참전하여 용인 험천(險川)에 이르러 청군을 만나 끝까지 싸우다 전사하였다.

저서로는 《정무공기실(貞武公紀實)》 2권이 있다. 1637년 병조판서에 추증되고, 1647년에 청백리(淸白吏)에 녹선되었다. 경주의 숭렬사(崇烈祠), 경원의 충렬사(忠烈祠)에 제향되었으며, 시호는 정무(貞武)이다.

최계종(崔継宗)

자는 경승(慶承), 호는 육의당(六宜堂). 정무공(貞武公) 최진립(震立)의 동생이다.

임진왜란 때 숙부 최봉천(崔奉天), 형 최진립과 함께 의병을 일으켜 많은 전공을 세웠다. 1594년(선조 27) 무과에 급제하여 서생포(西生浦) 수군첨절제사를 거쳐 남포현감(藍浦縣監)에 제수되었으나

1618년(광해군 10) 인목대비(仁穆大妃)의 서궁유폐(西宮幽閉) 사건 때 벼슬을 거역한 죄로 유배되었다가 이후 풀려나 은거하며 여생을 보냈다.

1594년(선조 27) 무과에 급제하여 남포현감(藍浦縣監)을 지내고 효행(孝行)이 지극하여 나라에서 "국효(國孝)"라는 칭호를 내렸다.

경주시 외동읍 제내리에 그가 말년을 보낸 육의당(경북유형문화재 제263호)이 있다.

최동로(崔東老)

자는 안중(安仲).

조선 선조(宣祖) 때 승훈랑(承訓郎)에 올랐다.

최헌상(崔獻祥)

현령(縣令) 최한조(崔漢祚)의 아들이다.

무과에 급제하여 선전관(宣傳官)이 되었고 1592년(선조 25) 임진왜란 때 왕을 호종(扈從)하려 상경(上京). 임진강에 이르렀다가 진격해 오는 적군을 만나 분전하다가 생포되어 죽었다.

최 계(崔 誡)

1567년(명종 22)~1622년(광해군 14). 자는 사훈(士訓), 호는 태동(苔洞). 내금위 최종옥(崔宗沃)의 아들이다.

1591년(선조 24) 무과에 급제하여 만경현령을 지냈다. 1592년 임진왜란이 일어나자 대구에서 의병을 규합하여 전공을 세웠다. 광해군 때에는 대북파의 전횡이 심하여지자 벼슬을 버리고 낙향하여 선영 아래에 집을 짓고 은거하였다.

동생 최인(崔認), 조카 최동보(崔東輔)와 함께 '최씨삼충(崔氏三忠)'으로 불렸다. 병조참판에 추증되었으며, 대구 평천사(平川祠)에 제향되었다.

최 인 (崔 認)

조선조(朝鮮朝)에 의병장(義兵將)을 역임하였다.

최몽량 (崔夢亮)

1579년(선조 12)~1627년(인조 5). 자는 계명(啓明). 병마절도사 최인(崔隣)의 증손으로, 아버지는 최확(崔確)이며, 어머니는 유경심(柳景深)의 딸이다.

1612년(광해군 4) 진사시에 합격하였고, 1617년 알성문과에 병과로 급제하였으며, 1625년(인조 3)에는 의주판관이 되었다. 1627년 정묘호란을 당하여 종현(鍾峴)에서 독전(督戰)하였는데, 적군을 선도하는 강홍립(姜弘立)을 발견하고 나라를 배반하고 적군을 돕는다고 꾸짖다가 포로가 되었다. 이때 끝내 굴복하지 않고 죽었는데, 그의 동생과 아들들도 모두 함께 순국하였다.

이조판서에 추증되었고, 의주 구암사(龜巖祠)에 제향되었다. 시호는 충의(忠毅)이다.

최시환(崔時煥)

자는 문약(文若).
조선조(朝鮮朝)에 찰방(察訪)을 역임하였다.

최시우(崔時遇)

자는 형숙(亨叔). 조선조(朝鮮朝)에 부사(府使)를 지냈다.

최진남(崔鎭南)

자는 자중(子重).
조선조(朝鮮朝)에 목사(牧使)를 역임하였다.

최준리(崔峻履)

조선조(朝鮮朝)에 오위도총부 오위장(五衛都摠府五衛將)을 지냈다.

최 북(崔 北)

초명은 식(埴). 자는 성기(聖器)·유용(有用)·칠칠(七七), 호는 월성(月城)·성재(星齋)·기암(箕庵)·거기재(居基齋)·삼기재(三奇齋)·호생관(毫生館). 그는 49세의 나이로 일생을 마쳤다고만 전해져 있다. 그러나 그의 행적을 통해 볼 때 대략 1720

년(숙종 46년)에 출생한 것으로 생각된다. 1747년(영조 23)에서 1748년 사이에 통신사를 따라 일본에 다녀왔다.

심한 술버릇과 기이한 행동으로 점철된 많은 일화를 남겼다. 이에 관해서 남공철(南公轍)의 《금릉집(金陵集)》과 조희룡(趙熙龍)의 《호산외사(壺山外史)》에 비교적 자세히 기록되어 있다.

그중에서도 금강산의 구룡연(九龍淵)을 구경하고 즐거움에 술을 잔뜩 마시고 취해 울다 웃다 하면서 "천하 명인 최북은 천하 명산에서 마땅히 죽어야 한다."고 외치고는 투신하였던 일이라든가, 어떤 귀인이 그에게 그림을 요청하였다가 얻지 못하여 협박하려 하자 "남이 나를 손대기 전에 내가 나를 손대야겠다."고 하며 눈 하나를 찔러 멀게 해 버린 이야기 등은 그의 괴팍한 성격을 단적으로 알려 주는 대표적인 일화라 하겠다. 그래서 당시의 사람들은 그를 광생(狂生)이라고까지 지목하였다고 한다. 그러나 그가 평양이나 동래 등지로 그림을 팔러 가면 많은 사람들이 그의 그림을 구하기 위하여 모여들었다고 한다. 또한 그는 〈서상기(西廂記)〉와 〈수호전〉을 즐겨 읽었으며, 김홍도(金弘道)·이인문(李寅文)·김득신(金得臣) 등과 교유하였다. 그리고 《호산외사》에 의하면 원말 사대가(元末四大家)의 한 사람인 황공망(黃公望)의 필법을 존중하였다고 전한다.

현재 남아 있는 그의 작품들에는 인물·화조·초충 등도 포함되어 있으나 대부분이 산수화이다. 그의 괴팍한 기질대로 대체로 치기(稚氣)가 있는 듯하면서 소박하고 시정(詩情) 어린 분위기를 자아내고 있다. 특히 그의 산수화들은 크게 진경산수화와 남종화 계통의 두 가지 경향으로 나누어진다. 진경산수화에서는 〈표훈사도(表訓寺圖)」에 〉 바와 같이 정선(鄭敾)의 화풍을 연상시키는 것도 있다.

진경산수에 대하여 최북은 "무릇 사람의 풍속도 중국 사람들의 풍속이 다르고 조선 사람들의 풍속이 다른 것처럼, 산수의 형세도 중국과 조선이 서로 다른데, 사람들은 모두 중국 산수의 형세를 그린 그림만을 좋아하고 숭상하면서 조선의 산수를 그린 그림은 그림이 아니라고까지 이야기하지만 조선 사람은 마땅히 조선의 산수를 그려야 한다."고 그 중요성을 크게 강조한 바 있다.

국립광주박물관 소장의 〈한강조어도(漢江釣魚圖)〉와 국립중앙박물관 소장의 〈추경산수도(秋景山水圖)〉 등을 대표작으로 하는 그의 남종화 계열의 작품에서는 심사정(沈師正) 등의 영향이 부분적으로 엿보이기도 한다.

이러한 화풍을 계승, 변천시키면서 개인 소장의 〈조어도(釣魚圖)〉와 〈풍설야귀도(風雪夜歸圖)〉에 보이는 바와 같이 대담하고도 파격적인 자신의 조형 양식을 이룩하여 조선 후기 회화의 발전에 기여한 바 크다. 이밖에 대표작으로 개인 소장의 〈공산무인도(空山無人圖)〉와 간송미술관 소장의 〈누각산수도(樓閣山水圖)〉 등이 있다.

경주최씨(慶州崔氏)

최국성(崔國成)

조선 인조(仁祖) 때 무과에 급제하고 사헌부감찰(司憲府監察)을 역임하였다.

최창좌(崔昌佐)

자는 위수(渭叟).
조선조(朝鮮朝)에 통덕랑(通德郞)에 이르렀다.

최사건(崔思健)

자는 성집(聖集).
조선 영조(英祖) 때 통덕랑(通德郞)에 올랐다.

최심건(崔心健)

자는 성회(聖晦).
1732년(영조 8) 문과에 급제하고 칠원현감(漆原縣監)을 역임하였다.

최흥원(崔興遠)

1705년(숙종 31)~1786년(정조 10). 자는 태초(太初) 또는 여호(汝浩), 호는 백불암(百弗庵). 대구 출신. 할아버지는 최수학(崔壽學)

이고, 아버지는 최석정(崔錫鼎)이며, 어머니는 진사 조종의 딸이다.

1778년(정조 2) 학행으로 천거되어 참봉·교관(敎官)이 되었고, 1782년 장악원주부·공조좌랑을 거쳐 1784년 세자익위사좌익찬(世子翊衛司左翊贊)이 되었다. 어려서부터 침식을 잊을 정도로 학문에 열중하였으며, 대대로 달성의 칠계에 살았기 때문에 칠계선생(漆溪先生)이라 일컬어졌다. 백성들의 살기 어려운 정상을 보고 남전향약(藍田鄕約)에 의거하여 규약을 세우고 강학(講學)과 근검으로 저축에 힘쓰게 하며 선공고(先公庫)·휼빈고(恤貧庫) 등을 두어 생활안정을 얻게 하였다. 이것이 당시의 유명한 부인동규(夫仁洞規)였다.

죽은 뒤 1789년 효행으로 정문이 세워졌고, 이듬해 좌승지에 추증되었다. 저서로 《백불암집》 8권 7책이 있다.

최상주(崔尙柱)

조선 영조(英祖) 때 가선대부(嘉善大夫)로 한성부좌윤(漢城府左尹) 겸 오위도총부 부총관(五衛都摠府副摠管)을 거쳐 어모장군(禦侮將軍)으로 목포 수군만호(水軍萬戶)를 지냈다.

최세걸(崔世傑)

자는 문중(文仲).

조선조(朝鮮朝)에 승사랑(承仕郞)에 올랐다.

경주최씨(慶州崔氏)

최세규(崔世奎)

자는 광단(匡端). 조선 때 통덕랑(通德郞)에 이르렀다.

최세주(崔世株)

자는 평중(平仲). 호는 서호(西湖). 조선조 승사랑(承仕郞)에 올랐다.

최태성(崔泰晟)

영조조에 가선대부(嘉善大夫)로 중추부사(中樞府事)를 지냈다.

최창문(崔昌文)

조선조 정조(正祖) 때 통덕랑(通德郞)에 올랐다.

최상익(崔商翼)

1631년(인조 9)~1699년(숙종 25). 자는 성백(成伯). 첨지중추부사 최순(崔淳)의 아들이다.

1657년(효종 8) 사마시를 거쳐 1660년(현종 1) 증광문과에 병과로 급제하였다. 1663년 주서가 되고, 1667년 전라도도사가 되었으나 관찰사 민점(閔點)과의 반목으로 사직하였다. 이듬해 지평에 기용되어, 1669년 정언에 올라 송시열(宋時烈)·송준길(宋浚吉)을 무고한 서필원(徐必遠) 등과 논쟁을 벌여 물의를 일으켰다. 부마의

집들이 제도에 벗어나며 호화로워짐을 공격하기도 하였다.

1671년 헌납이 되었다가 배천군수로 나갔으나 지평 정유악(鄭維岳)의 탄핵을 받아 체차(遞差)되었다. 뒤에 장령으로 다시 기용되어 1680년(숙종 6) 경신대출척이 일자 조경(趙絅)의 현종묘정(顯宗廟庭) 출향(黜享)과 오시수(吳始壽)의 정법(正法)을 역청(力請)하였다.

그 뒤 안변부사에 임명되었으나 사퇴하고, 1689년 기사환국으로 세력이 꺾이자 송추(松楸)에 은거하였다. 다시 갑술옥사로 서인이 세력을 만회하자 1695년 승지가 되어 임경업(林慶業)의 부인 정표(旌表)를 주장하여 관철시켰다.

1699년 충청도관찰사가 되었으나 병으로 사퇴하였다.

최 림(崔 琳)

1779년(정조 3)~1841년(헌종 7). 자는 찬부(贊夫), 호는 외와(畏窩). 부친은 최종유(崔宗崙)이며, 모친는 밀성박씨(密城朴氏) 박태진(朴泰鎭)의 딸이다.

수재로 알려져 있는데, 이미 7세에 글을 지을 줄 알았고, 10세에 인(仁)이 되는 근본을 좌우명(座右銘)으로 적어두었는데, "효도의 효(孝) 자는 아들 자(子)에 나왔고, 공경할 제(悌) 자는 아우 제(弟)에서 나왔다. 글자는 다르지만 그 도리는 하나이다."라고 하였다.

1840년(헌종 6) 추천되어 선공감역(繕工監役)에 제수되었다. 만년에 운문산(雲門山) 공암(孔巖)에 자리를 잡았는데, 배우려오는 학생들이 많았다. 성력(星歷)·병학(兵學)·기수(箕數)의 글에 모두 통달하였고, 자신의 위한 학문인 위기지학(爲己之學)에 매진하였다.

경주최씨(慶州崔氏)

문집으로 《외와집(畏窩集)》이 남아있다. 이 책은 그의 증손 최임수(崔任壽)가 편찬하고 간행을 보지 못하고 죽자, 종손 최진수 등의 주선으로 1899년(광무 3)에 간행하였다. 문집의 내용 중 시는 대개 은일의 고고한 한가로움을 서술한 작품 등이고, 서(書)의 〈상강재선생(上剛齋先生)〉은 학자에 절실히 요구되는 위기지학의 중요성을 강조하고, 또 국가적 차원에서의 도덕·예악의 성쇠 여부에 따라 치란(治亂)이 반비례됨을 역사적인 사실을 들어 변증했다. 잡저(雜著) 중 〈경의회정(經義會精)〉은 《주역》의 건원형이정(乾元亨利貞)을 해설한 것으로, 정주(程朱)의 설을 토대로 학자가 지향할 바를 제기하였다.

최 진(崔 鎭)

조선조(朝鮮朝)에 한성부판윤(漢城府判尹)을 지냈다.

최치덕(崔致德)

1699년(숙종 25)~1770년(영조 46). 자는 성능(聖能), 호는 희옹(喜翁). 부친은 최두만(崔斗萬)이다.

일찍이 손덕승(孫德升)을 사사하여 학문에 대성하였으나 과거를 보지 않고, 정성스럽게 노친을 봉양하였다. 친상을 당하여 삼년상을 마친 후에 묘 곁에 아침저녁으로 성묘하여 효자로 칭송받았다. 또 그에게 배움을 청하는 제자가 날로 늘어 '모고암(慕古巖)'과

'일성실(日省室)', '종오정(從吾亭)'을 지어 여러 학생들과 학문을 강론하여 후진 교육에 매진하였다.

저서로 《자희옹집(自喜翁集)》 남아 있다. 이 책은 1938년 6세손 최찬해(崔贊海) 등이 편집, 간행하였다. 저서 중에서 가장 주목할 만한 작품은 〈역대사기(歷代史記)〉로서 중국의 상고 시대로부터 원(元)·명(明)에 이르기까지와 우리나라 단군조선으로부터 고구려·백제·신라·고려·조선에 이르기까지의 역사를 잘 정리하여 표현한 역작이다. 그리고 〈도통인(道統引)〉은 도통의 연원을 시로 나타낸 것이다. 잡저(雜著)에는 그가 학생들을 교육함에 필요한 규칙을 정한 〈학규(學規)〉가 실려 있다. 1773년(영조 49)에 학행으로 천거되어 호조참판(戶曹參判)에 추증되었다.

최수환(崔壽煥)

조선 순조(純祖) 때 가선대부(嘉善大夫)로 사도진(蛇渡鎭) 수군첨절제사(水軍僉節制使)를 지냈다.

최중태(崔重泰)

자는 중여(重如).

조선조(朝鮮朝)에 승정원승지(承政院承旨)를 역임하였다.

경주최씨(慶州崔氏)

최경식(崔慶湜)

자는 여선(汝善). 조선에서 부사(府使)를 지냈다.

최명상(崔命相)

자는 자량(子良).
조선조(朝鮮朝)에 부사(府使)를 역임하였다.

최남두(崔南斗)

조선조(朝鮮朝)에 학자(學者)로 명성을 떨쳤다.

최경로(崔慶老)

조선조(朝鮮朝)에 동지중추부사(同知中樞府事)를 역임하였다.

최진하(崔鎭夏)

조선조(朝鮮朝)에 지평(持平)을 지냈다.

최유태(崔裕泰)

조선조(朝鮮朝)에 군수(郡守)를 역임하였다.

경주최씨(慶州崔氏)

최제우(崔濟愚)

1824년(순조 24)~1864년(고종 1). 초명은 복술(福述)·제선(濟宣). 자는 성묵(性黙), 호는 수운(水雲)·수운재(水雲齋). 경주 출신. 아버지는 최옥(崔鋈)이며, 어머니는 한씨(韓氏)이다. 7대조인 최진립(崔震立)은 임진왜란과 병자호란 때 혁혁한 공을 세워 병조판서의 벼슬과 정무공(貞武公)의 시호가 내려진 무관이었으나, 6대조부터는 벼슬길에 오르지 못한 몰락양반 출신이었다.

어릴 때부터 총명하여 일찍부터 경사(經史)를 익혔으나 기울어져 가는 가세(家勢)와 함께 조선 말기의 체제내부적 붕괴양상 및 국제적인 불안정이 그의 유년기에 커다란 영향을 미쳤다. 13세의 나이로 울산 출신의 박씨(朴氏)와 혼인하였고, 4년 뒤 아버지를 여의었다. 3년상을 마친 뒤에는 집안살림이 더욱 어려워져 여기저기로 떠돌아다니며 갖가지 장사와 의술(醫術)·복술(卜術) 등의 잡술(雜術)에 관심을 보였으며, 서당에서 글을 가르치기도 하였다. 그러다가 세상인심의 각박함과 어지러움이 바로 천명을 돌보지 않기 때문에 나타난 것을 깨닫고 천명을 알아낼 수 있는 방법을 찾기 시작하였다

1856년 여름 천성산(千聖山)에 들어가 하느님께 정성을 드리면서 시작된 그의 구도(求道)노력은 그 이듬해 적멸굴(寂滅窟)에서의 49일 정성, 그리고 울산 집에서의 계속된 공덕닦기로 이어졌고, 1859년 10월 처자를 거느리고 경주로 돌아온 뒤 구미산 용담정(龍潭亭)에서 계속 수련하였다.

이무렵 가세는 거의 절망적인 상태에까지 기울어져 있었고, 국내 상황은 삼정의 문란 및 천재지변으로 크게 혼란된 분위기였으며, 국제적으로도 애로호사건(Arrow號 事件)을 계기로 중국이 영불연합군에 패배하여 톈진조약(天津條約)을 맺는 등 민심이 불안정하던 시기였다. 이러한 상황에서 하느님의 뜻을 알아내는 데 유일한 희망을 걸고 이름을 제우(濟愚)라고 고치면서 구도의 결심을 나타냈다.

그러다가 1860년 4월 5일 결정적인 종교체험을 하게 되었다. 하느님에게 정성을 드리고 있던 중 갑자기 몸이 떨리고 정신이 아득하여지면서 천지가 진동하는 듯한 소리가 공중에서 들려왔다. 이러한 종교체험을 통하여 그의 종교적 신념은 결정적으로 확립되기 시작하여 1년 동안 그 가르침에 마땅한 이치를 체득, 도를 닦는 순서와 방법을 만들 수 있게 되었다.

1861년 포교를 시작하였고, 곧 놀라울 정도의 많은 사람들이 동학의 가르침에 따르게 되었다. 동학이 세력을 얻게 되자 기존 유림층에서는 비난의 소리가 높아져 서학, 즉 천주교를 신봉한다는 지목을 받게 되었다. 또한 톈진조약 후 영불연합군이 물러가서 조선 침공의 위험이 없어졌다는 소식을 듣고 민심이 가라앉게 되자, 조정에서는 서학을 다시 탄압하게 되었으므로 1861년 11월 호남으로 피신을 가게 되었다.

1862년 3월 경주로 되돌아갈 때까지의 남원의 은적암(隱寂庵) 피신생활 중 동학사상을 체계적으로 이론화하였고, 〈논학문(論學文)〉·〈안심가(安心歌)〉·〈교훈가〉·〈도수사(道修詞)〉 등을 지었다.

경주에 돌아와 포교에 전념하여 교세가 크게 확장되었는데, 1862년 9월 사술(邪術)로 백성들을 현혹시킨다는 이유로 경주진영(慶州鎭營)에 체포되었으나 수백 명의 제자들이 석방을 청원하여 무죄 방면되었다. 이 사건은 사람들에게 동학의 정당성을 관이 입증한 것으로 받아들여져 신도가 더욱 증가하였으며, 포교방법의 신중성을 가져와 마음을 닦는 데 힘쓰지 않고 오직 이적만 추구하는 것을 신도들에게 경계하도록 하였다.

신도가 늘게 되자 그해 12월 각지에 접(接)을 두고 접주(接主)가 관내의 신도를 다스리는 접주제를 만들어 경상도·전라도뿐만 아니라 충청도와 경기도에까지 교세가 확대되어 1863년에는 교인 3,000여명, 접소 13개소를 확보하였다. 이해 7월 제자 최시형(崔時亨)을 북접주인으로 정하고 해월(海月)이라는 도호를 내린 뒤 8월 14일 도통을 전수하여 제2대교주로 삼았다. 이는 관헌의 지목을 받고 있음을 알고 미리 후계자를 마련하여놓은 것이다. 이때 조정에서는 이미 동학의 교세확장에 두려움을 느끼고 그의 체포계책을 세우고 있었는데, 11월 20일 선전관(宣傳官) 정운구(鄭雲龜)에 의하여 제자 20여명과 함께 경주에서 체포되었다. 서울로 압송되는 도중 철종이 죽자 1864년 1월 대구감영으로 이송되었다. 이곳에서 심문받다가 3월 10일 사도난정(邪道亂正)의 죄목으로 대구장대(大邱將臺)에서 41세의 나이로 효수형에 처하여졌다.

그가 본격적으로 종교 활동을 할 수 있었던 기간은 득도한 이듬해인 1861년 6월부터 1863년 12월까지 약 1년 반 정도의 짧은 기간이었다. 게다가 대부분 피신하며 지낸 시간이어서 안정되게

경주최씨(慶州崔氏)

저술에 몰두할 수는 없었으나 틈틈이 자신의 사상을 한문체·가사체 등으로 표현하였다. 그러다가 갑자기 처형당하게 되자 남아 있던 신도들은 그의 글들을 모아서 기본이 되는 가르침으로 삼게 되었는데, 한문체로 된 것을 엮어놓은 것이 《동경대전(東經大全)》이고, 가사체로 된 것을 모아 놓은 것이 《용담유사(龍潭遺詞)》이다. 《동경대전》·《용담유사》에는 두 가지 신앙대상에 대한 명칭이 나타나는데 천주(天主)와 하느님(ᄒᆞ늘님)이 그것이다.

천주 또는 하느님에 대하여 명확하게 규정을 내리지 않았기 때문에 그의 입장을 알아보려면 간접적으로 파악하여보는 수밖에 없는데, '시천주(侍天主)'에 대한 두 가지의 해석이 하나의 단서를 제공하여준다.

하나는 하느님은 초월자이나 부모님같이 섬길 수 있는 인격적 존재라는 것을 강조하며, 다른 하나는 사람은 누구나 나면서부터 하느님을 모시고 있다는 것을 강조하는 입장이다. 따라서 그의 하느님은 인간의 내면에 존재함과 동시에 인간 밖에 존재하는 초월자의 성격을 지니고 있다. 이러한 그의 신관은 매우 독특한 것으로 그의 종교체험이 무속적인 원천에 뿌리박고 있다는 주장과 접맥될 수 있다고 보여진다.

최시형(崔時亨)

1827년(순조 27)~1898년. 동학의 제2대 교주. 초명은 경상(慶翔). 자는 경오(敬悟), 호는 해월(海月). 경주 출신이다.

5세 때 어머니를, 12세 때 아버지를 여의게 되어 어려운 유년기를 보냈고, 17세부터 제지소(製紙所)에서 일하며 생계를 도모하였다.

19세 때 밀양손씨(密陽孫氏)를 맞아 결혼한 뒤 28세 때 경주 승광면 마복동(馬伏洞)으로 옮겨 농사를 지었다. 이곳에서 마을 대표인 집강(執綱)에 뽑혀 6년 동안 성실하게 소임을 수행하다가 33세 때 자신의 농토로 농사를 짓기 위하여 검곡(劍谷)으로 이주하였다.

그가 동학을 포교하기 시작한 1861년(철종 12) 6월 동학을 믿기 시작하여, 한 달에 3,4차례씩 최제우를 찾아가 가르침을 받고 집에 돌아와 배운 것을 실천하고, 명상과 극기로 도를 닦았다.

1861년 11월 최제우가 호남 쪽으로 피신한 뒤 스승의 가르침을 깨닫고 몸에 익히기 위하여 보인 정성과 노력은 많은 일화로 남아 있다.

1863년 동학을 포교하라는 명을 받고 영덕·영해 등 경상도 각지를 순회하여 많은 신도를 얻게 되었고, 이해 7월 북도중주인(北道中主人)으로 임명되어 8월 14일 도통을 승계받았다.

이해 12월 최제우가 체포되자 대구에 잠입, 옥바라지를 하다가 체포의 손길이 뻗치자 태백산으로 도피하였고, 이어 평해와 울진 죽변리에 은거하면서 처자와 최제우의 유족을 보살피다가 동학의 재건을 결심하고, 교인들이 많이 살고 있는 영양(英陽)의 용화동(龍化洞)으로 거처를 정하였다. 이곳에서 1년에 4회씩 정기적으로 49일기도를 하고 스승의 제사를 지내기 위한 계를 조직하여 신도들을 결집시켰고, 경전을 다시 필사하고 편집하여 신도들에게 읽게 하였다.

이와 같은 교세의 재건은 1871년(고종 8) 진주민란의 주모자인 이필제(李弼濟)가 최제우의 기일(忌日)인 3월 10일에 영해부(寧海府)에서 민란을 일으킴으로써 다시 탄압을 받게 되었다.

관헌의 추격을 피하여 소백산으로 피신하면서 영월·인제·단양 등지에서 다시 기반을 구축하여 1878년 개접제(開接制), 1884년 육임제(六任制)를 마련하여 신도들을 합리적으로 조직하고 교리연구를 위한 집회를 만들었다. 1880년 5월 인제군에 경전간행소를 세워 《동경대전(東經大全)》을 간행하였고, 1881년 단양에도 경전간행소를 마련하여 《용담유사(龍潭遺詞)》를 간행하였다.

이와 같이 신도의 교화 및 조직을 위한 기틀이 마련되어 교세가 비약적으로 증가하게 됨에 따라 1885년 충청도 보은군 장내리로 본거지를 옮겼다.

동학교도들의 활동이 활발하여지자 그에 따른 관헌의 신도수색과 탄압이 가중되었는데, 동학의 교세도 만만하지 않게 성장하여 1892년부터는 교조의 신원(伸寃)을 명분으로 한 합법적 투쟁을 전개하여 나갔다. 제1차신원운동은 1892년 11월 전국에 신도들을 전주 삼례역(參禮驛)에 집결시키고, 교조의 신원과 신도들에 대한 탄압중지를 충청도·전라도관찰사에게 청원하였으나 여전히 탄압이 계속되자 1893년 2월 서울 광화문에서 40여 명의 대표가 임금에게 직접 상소를 올리는 제2차신원운동을 전개하였다. 정부측의 회유로 일단 해산하였으나 태도가 바뀌어 오히려 탄압이 가중되자 제3차신원운동을 계획, 3월 10일 보은의 장내리에 수만명의 신도를 집결시켜 대규모 시위를 감행하였다.

이에 놀란 조정에서 선무사 어윤중(魚允中)을 파견, 탐관오리를 파면하자 자진 해산하였다. 당시 많은 신도들은 무력적인 혁신을 위하여 봉기할 것을 권유하였으나 시기상조임을 이유로 교세확장에 몰두하였다.

그러나 1894년 1월 10일 전봉준(全琫準)이 고부군청을 습격한 것을 시발로 하여 동학농민운동이 일어나자 신도들의 뜻에 따라 4월 충청도 청산(靑山)에 신도들을 집결시켰고, 9월 전봉준이 다시 봉기하자 적극 호응하여 무력투쟁을 전개하였다.

일본군의 개입으로 1894년 12월말 동학운동이 진압되자 피신생활을 하면서 포교에 진력을 다하였고, 향아설위(向我設位)·삼경설(三敬說)·이심치심설(以心治心說)·이천식천설(以天食天說)·양천주설(養天主說) 등의 독특한 신앙관을 피력하였다.

1897년 손병희(孫秉熙)에게 도통을 전수하였고, 1898년 3월 원주에서 체포되어 서울로 압송, 6월 2일 교수형을 당하였다.

그의 신관은 범신론적·내재적 경향을 띠어 하느님을 인간과 동일시하며, 나아가 만물과 동일시하기 때문에 '인간이 음식을 먹는 것'은 '하느님이 하느님을 먹는 것(以天食天)'으로 파악된다. 이런 신관에 의해 자연스럽게 삼경사상(三敬思想)이 도출되는데, 이는 경천(敬天)·경인(敬人)·경물(敬物)의 사상이다. 또한 각자의 마음속에 있는 하느님을 잘 길러나가는 것(養天主)이 하느님을 모시는 것이라는 입장도 같은 맥락 속에서 나타난 것이다.

경주최씨(慶州崔氏)

최석민(崔錫敏)

1858년(철종 9)~1915년.

6세 때부터 가숙(家塾)에 취학하여 두루 고전을 읽었다. 장성한 뒤 관직에 나가 1894년(고종 31) 7월 의정부주사(議政府主事)가 되었고, 다음해 4월 내각주사(內閣主事)로 판임 3등(判任三等)에 보임되었으며, 같은해 5월 평양부(平壤府)의 참서관(參書官)으로 부임하였는데 주임 6등(奏任六等)에 보임되었다. 그러나 1896년 관제개정으로 인하여 그 직책이 폐지되어 그 자리에서 물러났다.

1898년 8월부터 1년간 통진군수를 지내고 1899년 법부(法部) 참서관이 되었다. 그러나 법부대신 조병식(趙秉式)과의 업무상 의견 충돌로 그 자리를 물러나 3년간 휴양하였다.

1904년 3월부터 3개월간 홍원군수를 지냈고, 같은 해 9월 경기도 시흥군수로 임명되어 부임하였다. 이 당시 관제 정리위원으로 러일전쟁 중 관제정비에 힘쓰는 한편, 다음해 3월 법부 민사국장(民事局長)으로 정3품관에 승진한 뒤 주임 5등관이 되었다.

1905년 3월 문관전고소(文官銓考所)의 위원이 되었다가 같은해 7월 내부 경무국장(警務局長), 12월 다시 지방국장으로 전임되어 칙임 3등으로 승임되었다.

1906년 4월 지방조사위원으로 발령을 받아 일제강점하의 조선의 지방현황을 조사 연구하고, 그에 따르는 장문의 보고서를 올려 지방제도 확립에 진력하였다. 그해 5월 종2품관으로 승진되어 고위 공직자로서 내부 및 법부의 일을 두루 맡았다. 1906년 7월 내부협판

(內部協辦)에 취임하였고, 같은 해 11월 내부협판으로서 지방세조사위원에 임명되어 지방세정(地方稅政)에 깊이 관여하게 되었다.

한편, 1907년 1월 봉상사제조(奉常司提調)를 거쳐 중추원찬의(中樞院贊議)가 되었고, 5월 경기도관찰사로 서임되었다. 같은해 8월 경리원경(經理院卿)이 되었고, 뒤에 내장원경(內藏院卿)을 거쳐 임시 제실(帝室) 국유재산조사위원의 일을 맡았다.

1910년 일제의 한국강점이 있은 뒤 일본정부로부터 남작(男爵)의 작위를 받았다.

최익현(崔益鉉)

1833년(순조 33)~1906년. 자는 찬겸(贊謙), 호는 면암(勉菴). 최대(崔岱)의 아들이다.

6세 때 입학하여 9세 때 김기현(金琦鉉) 문하에서 유학의 기초를 공부하였다. 14세 때 경기도 양근(楊根) 벽계(蘗溪)에 은퇴한 성리학의 거두 이항로(李恒老)의 문하에서 《격몽요결(擊蒙要訣)》·《대학장구(大學章句)》·《논어집주(論語集註)》 등을 통해 성리학의 기본을 습득하였다. 이 과정에서 이항로의 '애군여부 우국여가(愛君如父 憂國如家)'의 정신, 즉 애국과 호국의 정신을 배웠다.

1855년(철종 6) 명경과에 급제해 승문원부정자로 관직생활을 시작했던 이후 순강원수봉관(順康園守奉官)·사헌부지평·사간원정언·신창현감(新昌縣監)·성균관직강·사헌부장령·돈녕부도정 등의 관직을 두루 역임하고 1870년(고종 7)에 승정원동부승지를 지냈다. 수봉관·지방관·언관으로 재직 당시 불의와 부정을 척결

해 강직성을 발휘하였다. 특히 1868년에 올린 상소에서 경복궁 재건을 위한 대원군의 비정을 비판, 시정을 건의하였다. 이 상소는 그의 강직성과 우국애민정신의 발로이며 막혔던 언로를 연 계기가 되었다.

1873년에 올린 〈계유상소(癸酉上疏)〉는 1871년 신미양요를 승리로 이끈 대원군이 그 위세를 몰아 만동묘(萬東廟)를 비롯한 서원의 철폐를 대거 단행하자 그 시정을 건의한 상소다. 이 상소를 계기로 대원군의 10년 집권이 무너지고 고종의 친정이 시작되었다.

이후 고종의 신임을 받아 호조참판에 제수되어 누적된 시폐를 바로잡으려 했으나, 권신들이 반발해 도리어 대원군 하야를 부자이간의 행위로 규탄하였다. 이에 〈사호조참판겸진소회소(辭戶曹參判兼陳所懷疏)〉를 올려 민씨 일족의 옹폐를 비난했으나 상소의 내용이 과격, 방자하다는 이유로 제주도로 유배되었다.

1873년부터 3년간의 유배생활을 계기로 관직생활을 청산하고 우국애민의 위정척사의 길을 택하였다. 첫 시도로서 1876년 〈병자지부복궐소(丙子持斧伏闕疏)〉를 올려 일본과 맺은 병자수호조약을 결사 반대하였다. 이 상소로 흑산도로 유배되었으나 그 신념과 신조는 꺾이지 않았다. 유배에서 풀려난 뒤 1895년 을미사변이 일어날 때까지 약 20년 동안 침묵을 지켰다. 이 시기는 일본과의 개국 이래 임오군란·갑신정변·동학운동·청일전쟁 등 연이어 일어나 국내외 정세가 복잡했던 때이다. 특히 1881년에 신사척사운동이 일어나면서 위정척사사상이 고조되고 있을 때 그가 침묵을 지켰다는 것은 이해하기 어렵다.

그러나 일본의 침략이라는 역사적 위기상황 속에서 그의 위정척사사상은 항일투쟁의 지도이념으로 성숙하였다. 이것은 그의 위정척사사상이 고루하거나 보수적이지 않은 것은 보여준다. 또, 항일정치투쟁방법도 이제까지의 상소라는 언론 수단에 의한 개인적·평화적인 방법이 아닌 집단적·무력적인 방법으로 바뀌었다.

동시에 위정척사사상도 배외적인 국수주의로부터 민족의 자주의식을 바탕으로 한 자각된 민족주의로 심화되었다. 이러한 그의 항일구국이념은 1895년 을미사변의 발발과 단발령의 단행을 계기로 폭발하였다. 오랫만의 침묵을 깨고 〈청토역복의제소(請討逆復衣制疏)〉를 올려 항일척사운동에 앞장섰다.

이 때 여러 해에 걸쳐 고종으로부터 호조판서·각부군선유대원(各府郡宣諭大員)·경기도관찰사 등 요직에 제수되었으나 사퇴하고 오로지 시폐의 시정과 일본을 배격할 것을 상소하였다. 당시 올린 상소는 1896년에 〈선유대원명하후진회대죄소(宣諭大員命下後陳懷待罪疏)〉, 1898년 〈사의정부찬정소(辭議政府贊政疏)〉와 재소, 〈사궁내부특진관소(辭宮內府特進官疏)〉와 재소, 1904년 〈사궁내부특진관소〉의 삼소·사소, 〈수옥헌주차(漱玉軒奏箚)〉, 〈궐외대명소(闕外待命疏)〉와 재소·삼소·사소 등이 있다.

1905년 을사조약이 체결되자 곧바로 〈청토오적소(請討五賊疏)〉와 재소를 올려서 조약의 무효를 국내외에 선포하고 망국조약에 참여한 박제순(朴齊純) 등 오적을 처단할 것을 주장하였다. 이 사건을 계기로 위정척사운동은 집단적·무력적인 항일의

경주최씨(慶州崔氏)

병운동으로 전환하였다.

1906년 윤4월 전라북도 태인에서 궐기하였다. 〈창의토적소(倡義討賊疏)〉를 올려 의거의 심정을 피력하고 궐기를 촉구하는 〈포고팔도사민〉 돌리고 일본 정부에 대한 문죄서 〈기일본정부(寄日本政府)〉를 발표하였다. 74세의 고령으로 의병을 일으켜 최후의 진충보국하고자 했으나 뜻을 이루지 못하고 적지 대마도 옥사에서 순국하였다.

그의 우국애민의 정신과 위정척사사상은 한말의 항일의병운동과 일제강점기의 민족운동·독립운동의 지도이념으로 계승되었다. 그는 성리학에 기본을 둔 이항로의 학문을 이어받았으나 이기론(理氣論)과 같은 형이상학보다는 애국의 실천 도덕과 전통질서를 수호하는 명분론에 더 큰 관심을 가지고 있었다. 그의 이기론은 이항로의 심전설(心專說)을 계승하고 있다. 그러나 그의 사상과 이념은 역사적 현실에 바탕을 둔 실천성을 지니고 있었기 때문에 구국애국 사상으로, 민족주의 사상으로 승화, 발전할 수 있었다. 여기에 위정척사사상의 역사적 역할과 의의가 있는 것이다.

최익현의 사우관계는 김기현·이항로를 스승으로 성리학을 배웠으나 후자의 영향이 절대적이었다. 학우관계는 이항로 문하에서 수학한 동문인 이준(李埈)·이박(李璞)·임규직(任圭直)·김평묵(金平默)·박경수(朴慶壽)·유중교(柳重敎) 등으로 비교적 단순한 편이었다. 저서는 《면암집》 40권, 속집 4권, 부록 4권이 있다.

1962년 건국훈장 대한민국장이 추서되었다. 최익현의 대의비인 춘추대의비(春秋大義碑)가 현재 충청남도 예산군 광시면 관음리에

있다. 제향은 모덕사(慕德祠)와 포천·해주·고창·곡성·순화·
무안·함평·광산·구례 등에서 봉향되고 있다.

최석호(崔錫浩)

조선 고종(高宗) 때 시종원시종(侍從院侍從)을 거쳐 통정대부(通政大夫)에 이르렀다.

최봉환(崔鳳煥)

1868년(고종 5)~?. 평안남도 순천 출신이다.

1910년 1월 19일 평안남도 순천교회 장로로 활동하던 중, '시장세반대투쟁(市場稅反對鬪爭, 일명 百一稅事件)'을 주도하여 3,000여명의 농민·상인들을 동원하여 시위 항쟁하고, 순천 세무주사 노자와(野澤辰三郎) 등 15명의 일본인들을 살해한 뒤 군청과 주재소를 습격하여 기물을 파괴하고, 자진 출두하여 평양복심법원에서 징역 10년을 선고받았다. 그 후 경술국치로 감형되어 2년간 복역한 뒤 출감하였으나, 5년간 연금생활을 하였다.

1919년 3월 3일 평안남도 순천군 은산·자산읍의 독립만세시위운동에 기독교측 대표의 한 사람으로 참여, 기독교인·천도교인·주민 등 2,000여명의 선두에 서서 시위를 전개하다가 검거되었다.

그 뒤 재판에서 백일세(百一稅) 투쟁 전력으로 가중처벌을 적용받아 징역 6년을 선고받았다. 1977년에 건국포장이 추서되었다.

경주최씨(慶州崔氏)

최창식 (崔昌植)

1892년~1957년. 서울 출생이다.

《황성신문(皇城新聞)》 후기의 소장기자(少壯記者)였고, 후에 오성학교(五星學校)에서 교편생활을 하였다. 그 당시 학생들에게 민족의식·독립정신을 고취하다가 문제가 되어 금고 1년형을 선고받았다. 1919년 3.1운동 때에는 서울에서 학생들과 함께 만세운동에 적극 가담하였으며, 그 후 상하이[上海]로 망명하여 임시정부 조직 업무에 참여하고, 전원위원회 이사·내무위원장·법무총장·선거위원회 위원·국제연맹회제출안건작성 특별위원으로 활약하였다.

그 해 11월 임시정부가 개편되면서 조소앙(趙素昻) 후임으로 국무원 비서장에 선임되었고, 이후 대한교육회(大韓敎育會)의 편집부장으로 있으면서 시사책진회(時事策進會)를 조직, 활발한 독립운동을 전개하였다. 1924년 제10대 임시의정원 의장, 1926년 국무위원, 1927년 한국노병회(韓國勞兵會) 이사로 선출되었다. 1930년 치안유지법 위반으로 체포되어 징역 3년형을 선고받고 옥고를 치렀다. 1983년 건국훈장 독립장이 추서되었다.

최현배 (崔鉉培)

1894년(고종 31)~1970년. 호는 외솔. 경상남도 울산 출신이다.

서당에서 한문을 배운 뒤 고향의 일신학교에서 신식 교육을 받고 1910년 상경하여 한성고등학교(漢城高等學校: 뒤에 경성고등보통

학교로 개칭)에 입학하여 1915년 졸업하였다.

그 해 일본 히로시마고등사범학교(廣島高等師範學校) 문과에 입학하여 1919년 졸업하고, 1922년 4월에 일본 경도제국대학(京都帝國大學) 문학부 철학과에 입학, 교육학을 전공하여 〈페스탈로치의 교육학설〉이라는 논문으로 1925년 졸업, 계속하여 그 대학원에서 수학하였다.

1926년 4월 연희전문학교(지금의 연세대학교) 교수로 취임하여 1938년 9월 흥업구락부사건으로 파면당할 때까지 재직하였다. 1941년 5월 연희전문학교에 도서관 직원으로 복직하였으나, 그해 10월 조선어학회사건으로 사임, 1945년 광복까지 4년간의 옥고를 치렀다.

1945년 9월부터 1948년 9월까지, 1951년 1월부터 1954년 1월까지 문교부(지금의 교육부) 편수국장에 두 차례 재직하였다. 1954년 연희대학교 교수로 취임하여 문과대학 학장과 부총장을 역임하고 1961년 정년퇴임으로 연세대학교 명예교수로 추대되었다. 1964년 3월부터 2년간 부산 동아대학교 교수로 재직한 일이 있다.

1954년 학술원 회원에 뽑혔고 이어 임명회원·부회장을 맡았다. 1955년 연희대학교에서 국어학 연구와 그 발전에 기여한 공로로 명예문학박사 학위를 취득하였다. 그 밖에 1949년 한글학회 이사장에 취임하여 20년간 계속하여 한글학회를 이끌었으며, 1949년 한글전용촉진회 위원장, 1957년부터 세종대왕기념사업회 이사·부회장·대표이사 등으로 국어운동의 중심적인 인물로 활동하였다.

이러한 여러 방면에 걸친 활동과 공로로 1955년 제1회 학술원공

경주최씨(慶州崔氏)

로상, 1967년 5·16민족상 학예부문 본상을 수상하였고, 1970년 3월 사망하자 국민훈장 무궁화장이 추서되었다.

국어학의 연구, 국어정책의 수립, 그리고 교육학의 연구와 국어운동의 추진에 전념하여 그와 관련한 20책에 이르는 저서와 100편에 이르는 논문을 발표하였다. 국어학의 연구는 1910년 봄, 일요일마다 보성중학교에서 열리는 조선어강습원에서 주시경(周時經)의 가르침을 받음으로써 싹튼 것이라 한다.

이 분야의 업적은 《우리말본》과 《한글갈》로 집약된다. 《우리말본》은 1929년 《우리말본 첫째매 소리갈》, 이어 1937년 온 책이 출판되었다. 이 책은 주시경 이래의 문법연구를 계승하고 발전시켜 20세기 전반기의 문법연구를 집대성한 저술이다.

전반적인 체계는 중학교 교재로 편찬된 《중등 조선말본》(1934)에 이미 나타나 있었으나, 이를 보완하고 확대하였는데 인용된 자료의 해박함, 설명의 논리정연함, 체계의 정연함에 있어서 당시로는 이것을 능가할 문법서가 없다고 할 수 있다. 《한글갈》(1941)은 한글 연구의 체계화를 추구한 업적인데, 역사편과 이론편으로 되어 있다.

역사편은 한글제정의 동기와 경위, 한글문헌에 대한 해설, 한글연구의 역사를 다루고, 이론편은 한글창제 이후 없어진 글자를 주로 다루어서 그 음가를 추정한 것이다. 국어정책의 수립과 국어운동에 대한 집념과 활동도 대단하여 항상 최선봉에서 그 운동을 추진하고 그에 대한 이론투쟁을 정력적으로 전개하였다.

《글자의 혁명》(1947)·《한글의 투쟁》(1958)·《한글 가로글씨 독본》(1968)·《고희기념 논문집》(1968)·《한글만 쓰기의 주장》(1970) 등 단행본으로 한글전용과 풀어쓰기의 이론을 발표하여, 그 운동의 이론적인 지침서가 되었다.

이 밖에 국어정화를 주장하면서 일본어의 찌꺼기를 몰아내는 등 우리말도로찾기운동을 전개하였는데, 이의 이론적인 근거는 《우리말 존중의 근본 뜻》(1953)에 나타나 있다. 국어 정책에 대한 그의 주장은 전후 6년에 걸친 문교부 편수국장 재직중에 교과서에서 실행되었다.

이에 대한 시비는 아직도 계속되고 있지만, 현행 각종 교과서에서 한글만으로 가로쓰는 체재를 확립한 일은 그의 업적이다. 교육학적인 연구는 대학의 졸업논문으로 비롯되는데, 민족주의적인 국민 계몽사상을 고취한 《조선민족 갱생(更生)의 도(道)》(1930)가 공개된 최초의 업적이다. 이 책에는 일생을 일관한 애국·애족의 사상이 뚜렷이 나타난다. 먼저 우리 민족의 성격상의 결함과 질병을 진단하여 그 역사적인 원인을 구명하고서, 민족이 되살아날 원리를 말하고 이어 그 원리를 실천하고 노력할 것을 역설한 것이다.

이 책에 나타난 그의 정신은 광복 이후에 확대, 발전되어 《나라사랑의 길》(1958)과 《나라 건지는 교육》(1963)으로 간행되었다. 나라와 민족을 사랑하는 정신을 고취하여 부강한 자유국가와 훌륭한 자주민족으로 만들어야 한다는 주장이 담겨 있다.

국어운동의 추진에 있어서는 지나치게 급진적인 점도 없지 않으나, 국어문법 체계를 확립한 국어학자로서, 국어와 한글운동의 이론가이며 실천가로서, 민족의 중흥과 민주국가 건설을 외친 교육자

경주최씨(慶州崔氏)

로서 남긴 업적과 공로는 크다. 민족의 수난기에 살면서도 고난에 굴하지 않고 꿋꿋하게 살아간 그 의지는 민족사의 한 귀감이 된다.

그의 학문과 유지는 한글학회를 중심한 학자들에 의하여 계승되고 있으며, 그의 사상을 기리는 모임인 외솔회가 1970년에 창립되어 기관지 《나라사랑》을 발간하며, 해마다 국학연구와 국어운동에 뛰어난 사람에게 외솔상을 시상함으로써 그의 정신을 이어가려 하고 있다.

참고문헌 (參考文獻)

『삼국사기』 (三國史記)

『삼국유사』 (三國遺事)

『고려사』 (高麗史)

『고려사절요』 (高麗史節要)

『조선왕조실록』 (朝鮮王朝實錄)

『고려공신전』 (高麗功臣傳)

『국조인물고』 (國朝人物考)

『국조방목』 (國朝榜目)

『동국여지승람』 (東國輿地勝覽)

『고려명신록』 (高麗名臣錄)

『독립운동사』 (獨立運動史)

『각성씨세보』 (各姓氏世譜)

『성씨의고향』 (姓氏의故鄕)

『한민족대성보』 (韓民族大姓譜)

『한국문화유적총람』 (韓國文化遺跡總攬)

『대동방씨족원류사』 (大東方氏族源流史)

『한국의전통예절』 (韓國의傳統禮)

『한국성씨총감』 (韓國姓氏總鑑)

『한국인명대사전』 (韓國人名大辭典)

『성씨대보총람』 (姓氏大譜總覽)

경주최씨(慶州崔氏) 이야기

2014 年 9 月 2 日 인쇄
2014 年 8 月 8 日 발행
편 저 : 성씨이야기편찬실
발 행 : 올린피플스토리

출판등록 : 제 25100 - 2007 - 000017 호
주   소 : 서울특별시 강동구 구천면로 18길 23호
홈페이지 : http://www.ollinpeople.co.kr
전   화 : 070) 4110 - 5959
팩   스 : 02) 476 - 8739
정   가 : ₩ 19,800

ISBN : 979-11-5743-622-4

* 파손된 책은 바꾸어 드립니다.